예쁘게 말을 하니 좋은 사람들이 왔다

예쁘게 말을 하니
좋은 사람들이 왔다

초판 1쇄 발행 | 2019년 11월 25일
초판 17쇄 발행 | 2023년 10월 30일

지은이 | 심희정

펴낸이 | 송미진
펴내는이 | 임태환
알리는이 | 홍준의

펴낸곳 | 도서출판 쏭북스
출판등록 | 제2016-000180호
주소 | 서울시 마포구 큰우물로 75 1308호(도화동, 성지빌딩)
전화 | (02)701-1700
팩스 | (02)701-9080
전자우편 | ssongbooks@naver.com
홈페이지 | www.ssongbooks.com
ISBN 979-11-89183-07-3 (03320)
ⓒ심희정, 2019

값 16,000원

- 이 책은 저작권법에 따라 보호를 받는 저작물입니다. 무단 전재와 복제를 금합니다.
- 이 책 내용의 전부 또는 일부를 사용하려면 반드시 저작권자와 도서출판 쏭북스의 동의를 받아야 합니다.
- 잘못된 책은 구입하신 서점에서 교환해 드립니다.
- 도서출판 쏭북스는 주식회사 시그니처의 브랜드입니다.
- 도서출판 쏭북스의 문을 두드려 주세요. 그 어떤 생각이라도 환영합니다.

예쁘게 말을 하니 좋은 사람들이 왔다

나를 더 좋은 곳으로 이끌어 줄 '예쁜 말'의 법칙

심희정 지음

송북스

|프|롤|로|그|

더 이상 말 때문에
외로운 사람이 되지는 말자

나는 기자입니다. 20년째랍니다.

동서남북, 위아래 수도 없는 사람을 만났으며, 지금도 매일 새로운 사람을 스쳐 갑니다.

그중 잘 풀리는 사람, 인정받는 사람, 사랑받는 사람, 장수하는 사람 등 다양한 방식으로 사회적 성공을 이룬 이들을 지켜봤습니다. 처음에는 그저 운이 좋은 줄, 금수저인 줄 알았습니다. 그러나 성공한 1%의 그들에게는 남다른 공통점이 있더군요.

얕보일까 빼앗길까 뾰족한 가시를 세우고, 까칠하면 강인해 보일까 언어와 행동을 무장해온 나와는 달리 그들은 본연의 타고난 유연함과 부드러움을 해치지 않고도 충분히 강했습니다.

기자생활 10년째 되던 어느 날, 누군가를 이겨 먹기 위해 비우기보다는 채우기에 급급하고, 스스로에게 집중하기보다 밖으로 날을 세우고 입에는 독을 품고 있는 나를 발견합니다.

　곁에 머물던 사랑하는 사람들이 나도 모르게 떠나갔나 봅니다. 입 속에 칼이 있는 '까칠한 독설녀' '까칠 마녀'라는 수식어에 갇혀 있는 고독한 나를 응시했습니다.

　"나는 혀로 사람을 죽일 수도 있는 사람이 되었구나."

"말하는 법을 배워 본 적이 없습니다"

　외로웠습니다. 더 독해져만 가는 나 스스로가 너무 안타까웠습니다.

　그때부터였나 봅니다. 그동안 만난 수많은 성공한 사람들을 눈여겨보기 시작했습니다. 그들 대부분은 날카로운 날을 세워 자칫 적을 만들 수 있는 화법 대신 상대를 배려함으로써 진정 이기는 양보의 말법을 쓰고 있었습니다. 그래서 물었습니다.

　"어떻게 하면 당신처럼 될 수 있나요."

　그들은 제게 말했습니다.

　"내면의 가치에 귀 기울여 봐. 해답은 네 안에 있어."

　상처받지 않기 위해 강하게 어필하면서 까칠한 척해왔던 저는 그제서야 멈추고 스스로를 돌아봤습니다. 행여 쉽게 보일까, 빼앗길까, 손해 볼까… 라푼젤의 성탑처럼 가시를 세워 철벽을 쌓아온 나는 밖으로 향하던 시선을 내 안으로 향했습니다. 그리고 내면의 힘, '이너월드(Inner World)'에 집중했습니다. 그 누구도 아닌 나와 잘 지내는, 나에게 친절해지는 연습을 시작했습니다.

지친 심신으로 외롭던 내게 가장 좋은 것만 주기로 했습니다. 남과의 관계가 아닌 나에게 집중하면서 나는 먼저 스스로에게 예쁘게 말하기 시작했습니다. 내 마음을 들여다보고 내게 집중할 시간도 부족한 마당에 다른 사람을 바라보고 평가할 시간이 없었습니다. 반짝반짝 빛나는 청춘이 소진되어 가고 있는 마당에 세상이 나를 어떻게 볼까 시선을 돌릴 시간이 없었습니다. 내 가치는 내가 결정했습니다. 내 본연의 부드러움과 따뜻함을 깨워냈습니다. 예쁘게 말하면서 나는 나를 정말 예뻐하기 시작했습니다. 세상에 하나뿐인 나라는 꽃에 물을 주고 거름을 주고 예쁜 말을 걸고 고운 것을 쏟았습니다. 입에서 나온 말이 예쁘니 행동도 모습도 덩달아 예뻐졌습니다.

우리는 의사소통하는 '언어'는 배웠지만 정작 '말하는 법'을 배운 적은 없습니다.

'예쁜 말'은 부지불식간에 적을 부르는 대화가 만연한 이 시대에 가장 힘 있는 강력한 메시지입니다. 상대의 마음을 상하지 않게 하면서 하고 싶은 말은 다하는 것입니다. 내가 다치지 않고 무안하지 않는 기술이며 세상의 바보들에게 웃으면서 대처하는 법입니다. 진심 어린 공감을 통해 상대를 스스로 움직이게 하는 강력한 설득의 기술입니다. 원망 받지 않고 비판하며 유쾌하게 거절하는 센스이며 큰 노력 없이 나를 다시 만나고 싶은 사람으로 만드는 가장 쉬운 길입니다. 예쁜 말은 친절하고 다정하게 말하는 테크닉이 아닌 나 스스로 가진 본연의 가치를 지키는 것입니다.

내가 타고난 그대로의 따뜻함과 유연함 그리고 부드러움을 마음껏 펼쳐도 내 안의 강인함이 훼손되지 않는다는 것을 알았습니다. 내 안의 부드러움으로 올곧은 강인함을 완성했더라면 진정 강한 사람이 될 수 있었을 텐데요. 20살의 내가 부드러움이 강함을 약하게 하는 것이 아니라는 사실을 알았더라면, 나는 지금 얼마나 더 부드럽고 강한 사람이 되어 있을까요.

예쁜 말로 채워진 나는 나에게 좋은 것을 주고 싶은 그 마음 그대로 타인에게 예쁜 말을 합니다.

예쁘게 말을 하니 기적처럼 좋은 사람들이 왔습니다. 부드럽지만 힘 있는 예쁜 말의 씨앗은 시간이 지나면서 무성한 숲을 이루며 계속 기적을 낳습니다. 좋은 일이 눈처럼 평평 내리는 덕에 감사함을 입에 달고 살게 되었습니다.

이유 없이 혹은 얄팍한 근거를 앞세우며 나를 공격하는 무리들도 예쁜 말 앞에서는 힘을 잃습니다. 그들이 떠난 자리에는 좋은 사람만 남았습니다.

이제 스스로 돋운 가시에 찔려 상처를 입는 나를 더 이상 만나지 않게 되었습니다. 예의 없는 사람들에겐 "당신, 지금 선 밟았어요"를 웃으면서 여유 있게 말할 수 있게 되었습니다. 한마디로 싸우지 않고도 이기는 양보의 대화법을 알게 되었습니다.

사실 예쁜 말을 하려면 쑥스럽지요. 타고난 나의 성정과 다를 수도 있습니다. 하지만 한번 해 보시길 바랍니다. 우리가 외국어를 평생 배우고 익히듯이 예쁜 말도 노력해야 입에 붙습니다. 내뱉을수록 더 탄력을 받습니다. 궤도에 오르면 재미도 붙습니다. 듣는 사람이 더 익숙해지며, 들을수록 더 듣고 싶어합니다.

더 이상 말 때문에 외로워지는 사람은 되지 말아야 합니다. 오늘 내 입에서 나간 말 한마디가 곧 내 인생이 됩니다. 말 한마디가 불러오는 기적. 그 기적을 부르는 예쁜 말의 여행에 당신을 초대합니다.

2019년 겨울의 길목에서.
심희정

| 차 | 례 |

프롤로그 | 더 이상 말 때문에 외로운 사람이 되지는 말자 · 5

1장. 내 입에서 나간 말 한마디가 내 인생이 된다

:: 말에는 귀소 본능이 있다 · 17
:: 나는 말로 사람을 얻는 사람인가, 잃는 사람인가 · 24
:: "예쁜 말을 배워 본 적이 없습니다" · 30
:: 실력 있는 사람은 차고 넘친다 · 35
:: 애니웨이, 집중할 건 나 자신 · 40
:: 휘둘리지 않고 당당해지려면 · 46
:: 나는 나에게 가장 좋은 것만 주고 싶다 · 51

2장. 싸우지 않고 이기는 사람은 말하는 법부터 다르다

:: "뭘 도와드릴까요"의 힘 · 59
:: 상대의 이름을 기억한다는 것 · 67

:: 내가 내뱉는 말을 다시 보자 · 72
:: 말 한마디로 제갈공명을 만드는 법 · 78
:: 시 쓰듯 말하라 · 83
:: 내가 회사에서 화내지 않는 이유 · 88
:: 남에게 못할 말은 나에게도 하지 말자 · 93

3장. 비즈니스와 관계가 풀리는 '이기는 양보의 대화' 10

[1] "할 거야"가 아닌 "하고 있다"라고 말한다 · 101
[2] 작은 칭찬이 호감을 이끌어낸다 · 107
[3] '플리즈 헬프 미' 전략 · 113
[4] "내가 뭘 아나?"- 고개 숙일 줄 아는 저력 · 118
[5] "그렇습니까?"만 잘해도 · 123
[6] "아, 진짜요"라고 맞장구쳐 보라 · 128
[7] 선을 넘는 사람들에게 · 134
[8] 한국말을 영어처럼 하라 · 139

[9] 설득하지 않고 설득하는 법 – 회의나 협상 테이블에서 기억해야 할 것 · 144
[10] 나에게 맞는 예쁘고 고운 말을 골라낸다 · 151

4장. 좋은 사람들이 넘쳐나게 만드는 '예쁜 말'의 법칙

:: 부러워하지 말자, 인생은 제로섬 게임 · 159
:: 믿음은 상대 스스로 더 좋은 사람이 되게 한다 · 166
:: 나이 들수록 남 안 풀리는 게 내 눈물이 된다 · 172
:: 주는 사람이 성공한다 · 177
:: 긍정적 세뇌, 내가 하는 말을 내가 믿게 된다 · 182
:: '촉'의 파트너는 관심과 사랑, 호기심이다 · 188

5장. 나는 '나 긍정주의자'로 살기로 했다

:: "내 몸아, 고맙다" · 199
:: 명품이 아닌 나에게 투자하라 · 204

:: 누군가에게 나는 아직 새파랗게 젊은 나이다 · 209
:: 나는 목숨 걸고 자기관리한다 · 214
:: 때로 나만의 동굴이 필요해 · 221

6장. "믿고 털어놓을 수 있는 인생의 선배가 필요해요"
– '심선배'가 들려주는 사회생활 해법 Q and A 19 · 226

에필로그 | 이제는 나에게 예쁘게 말을 걸고 싶다 · 310

말의 힘은 밖으로 향하는 동시에 안으로도 작용한다.
누가 그랬다. 인간의 말은 나름의 귀소 본능을 가지고 있어
강물을 거슬러 오르는 연어처럼 말도
내가 태어난 곳으로 돌아가려는 본능을 지니고 있다고.
결국 말의 표적은 항상 나를 향해 있다고 생각하면
내가 쓰는 단어와 내용의 엄중함을 깨달을 수밖에 없다.
내가 하는 말은 항상 내가 제일 먼저 듣고 있으니까.
그래서 좋은 말은 내 오감이 듣도록 내뱉고
나쁜 말은 변기통에 넣어 물을 내리는 상상력을 동원해
폐기해 버리는 연습을 하는 것도 좋겠다.

[1장]

내 입에서 나간
말 한마디가 내 인생이 된다

말에는 귀소 본능이 있다

　사람은 누구나 존중받기를 원한다. 노력한 만큼 인정받고 상대의 눈에 내가 괜찮은 사람으로 비치기를 바라는 마음은 누구에게나 있는 본능이다.

　하지만 남에게 잘 보이자고 나를 희생해 가며 억지로 끌려다닐 수는 없는 노릇이다. 반대로 싸우고 맞서서 인정받으려니 성격 나쁘다는 말만 들을 뿐 무엇 하나 얻는 게 없다. 나를 지키면서 남에게 존중받고, 원하는 것을 취하는 가운데 좋은 관계를 유지하며, 다툼 없이 이길 수 있는 방법은 없는 걸까.

나는 진심이었는데

신문사에 막 입사했을 때였다. 처음 접하는 낯선 환경에 매일 긴장하며 살던 나는 크리스마스를 맞아 편집국의 모든 기자들에게 손 편지를 썼다. 하나같이 무섭고 냉정해 보이는 선배들과 조금이라도 가까워지고 싶은 마음에서였다. 꼬박 며칠이 걸려 수십 통의 카드를 일일이 다른 내용으로 채운 다음 크리스마스이브에 새벽같이 출근해 각자의 자리에 한 통씩 놓아두었다. 하지만 사람들의 반응은 기대와 달랐다. 입으로는 고맙다고 하면서도 얼굴엔 '얘 뭐지?' '저의가 뭐야?' 하는 떨떠름한 표정이 역력했다. 신입 시절이니 모든 것이 서툰 게 당연했지만 유독 인간관계는 풀리지 않는 숙제였다. 남을 의식하지 않는 '미움받을 용기' 따윈 애당초 없었고 그저 내 진심을 상대가 알아주고 상대의 눈에 내가 괜찮은 사람으로 보이기를 바랐다.

한편으론 '팩트를 밝히는 것이 정의'라는 소신 아래 입바른 말만 골라 하는 독설가 노릇을 하기도 했다. 거친 말이 오가는 사건 현장을 누비며, 진실을 밝힌다는 명분 아래 독한 말과 글로 하루하루를 채워갔다. 뜻하는 바를 이루기 위해 취재원과 논쟁을 벌이는 일도 다반사였다. 그러다 보니 어느 때는 "네가 가진 혀가 사람을 죽일 수도 있다"라는 말도 들었다. 억울했다. 온 마음을 다해 진심을 전했지만 싸늘한 반응이고, 그렇다고 소신껏 내 할 말을 전해도 어느 하나 알아주는 이가 없었다.

더 이상 누군가에게 친절을 베풀고 싶지도 않았고, 그렇다고 하고 싶은 말 다 해가며 밉보이는 것도 신물이 났다. 그렇게 이도 저도 아닌 모습으로 살기를 수 년. 내가 어려운 관계 문제를 하나둘씩 풀어가고 세상을 내 편으로 만들어갈 줄 알게 된 것은 타인이 아닌 오직 나 자신에게 집중하기 시작하면서부터였다.

세계적인 심리학자 웨인 다이어(Wayne Walter Dyer)는 "나의 가치는 다른 사람에 의해 검증될 수 없으며 내가 소중한 이유는 내가 그렇다고 믿기 때문"이라고 말했다. 남이 나를 어떻게 생각하든, 내 말에 상대가 어떻게 반응하든 개의치 않고 오직 나 자신에게 집중하면서 깨달은 건 그간 모든 관계의 중심을 내가 아닌 타인에게 두었다는 사실이었다. 그 어디에도 실재의 나는 없고 '남에게 보이고 싶은 나'만 있었다. 세상 그 누구도 나 자신만큼 소중하지 않은 법인데, 왜 내 가치를 타인의 판단에 맡기려 했을까.

세상 그 누구도 나 자신만큼 소중하지 않다는 평범한 진실을 자각한 뒤로 굳이 나를 지키려고 남에게 날을 세울 필요가 없어졌다. 남에게 인정받기 위해 과장된 친절을 보일 이유도 없었다. 남을 의식해 '변해야 해, 잘해야 해, 더 나아져야 해' 하며 스스로 다그치던 말을 거두고 나 자신을 존중하다 보니 자연히 마음에 여유가 생겼다. 내가 소중한 만큼 남도 소중해지고, 내가 행복해지려면 내 곁의 사람들도 행복해져야 한다고 진심으로 느껴졌다. 외딴섬에 들어가 혼자 살지 않는 한 어차피 사람은 누군가와 계속 관계를 유지하며 살아야 하고, 진정한 성취를 이루려면 표면적인 관계가 아닌 진실로 서로를 위하는 관계를 만들어가야 한다는 것도 알게 되었다. 누군가 말했듯 '나는 현미경으로 보고 남은 망원경으로 보는' 결심대로 살면서 생긴 변화였다.

나는 나를 위해 예쁜 말을 한다

말의 힘은 밖으로 향하는 동시에 안으로도 작용한다. 누가 그랬다. 인간의 말은 나름의 귀소 본능을 가지고 있어 강물을 거슬러 오르는 연어처럼 말도 내가 태어난 곳으로 돌아가려는 본능을 지니고 있다고. 결국 말의 표적은 항상 나를 향해 있다고 생각하면 내가 쓰는 단어와 내용의 엄중함을 깨달을 수밖에 없다. 내가 하는 말은 항상 내가 제일 먼저 듣고 있으니까. 그래서 좋은 말은 내 오감이 듣도록 내뱉고 나쁜 말은 변기통에 넣어 물을 내리는 상상력을 동원해 폐기해 버리는 연습을 하는 것도 좋겠다.

　20여 년을 기자 생활을 하는 동안 나는 부와 명예를 거머쥔 수많은 사람들을 만났다. 그중 성공의 사다리 제일 끝에 올라선 사람들에게 공통적으로 발견되는 특징이 하나 있다. '독한 놈이 성공한다'라는 일반적인 상식을 거슬러 '이기는 양보'를 통해 더 큰 성공을 거둔다는 사실이다. 그들은 강압적으로 사람을 대하지 않으며 진심 어린 공감을 통해 상대 스스로를 움직이게 하는 강력한 설득의 기술을 발휘한다. 상대의 기분을 해치지 않고 유쾌하게 거절하는 센스를 지니고 있고, 원망 받지 않고 비판하며, 큰 노력 없이 좋은 인상을 주는 기지를 발휘한다.

　무엇보다 언제 어느 상황에서든 남에게 휘둘리지 않고 내 생각을 전달하는 자기표현이 뛰어나다. 대화가 유쾌하니 늘 사람들이 모이고 상대로 하여금 스스로 도움의 손길을 내밀도록 만든다. 한마디로 싸우지 않고 이기는 법을 아는 것이다.

　그들이 늘 자신 있게 스스로를 밝히고 자신만의 언어로 사람의 마음을 사로잡을 수 있는 비결은 자기 확신 속에 사람과의 신뢰를 소중히 하고 아주 작은 인연조차 황금처럼 귀하게 여기기 때문이다. 승자독식 시대에서 나만의 경쟁력을 가지려면, 무엇보다 나 스스로 만족하는 삶을 살려면 능력만 중요한 것이 아니라 남을 위하는 마음, 서로 손잡고 상생하려는 말과 행동이 뒷받침되어야 한다는 걸 자신의 삶을 통해 직접 증명해 보인다.

'나는 최선을 다하는데 왜 비난을 받을까?' '대체 내 주변엔 왜 이렇게 까다로운 사람이 많은 걸까?' '왜 나는 늘 손해만 보는 걸까?' 오늘도 많은 사람들이 이런 고민을 안고 살아간다. 여전히 그 해결책을 찾을 수 없다면 우선 자신을 돌아볼 필요가 있다. 무엇이든 원인 없이 발생하는 문제는 없고, 내가 생각하는 대부분의 문제는 사실 나로부터 기인한 경우가 상당수이기 때문이다. 또한 내가 속한 관계 속에 나는 과연 어떤 태도와 말로 상대와 교류했는지 살펴 볼 필요가 있다. 부지불식간에 적을 부르는 대화를 하는 사람들이 생각보다 많지만, 본인 스스로는 자각하지 못하는 경우가 대부분이니 말이다.

행복에는 여러 가지 요소가 있다. 그중 가장 중요한 것은 다름 아닌 관계일 것이다. 대인 관계가 좋지 않은 사람은 성공에도 한계가 있다. 어떤 일이든 결국 핵심은 사람이기 때문이다. '꿀을 얻으려면 벌집을 건드리지 말라'는 격언이 있다. 거칠고 험한 말로 상대를 다그치거나 무시하면 일순간 이득을 얻을 수 있을지 몰라도 결국 손해를 입는 쪽은 나 자신이다.

  타인에 대한 관심을 나 자신에게 돌린 뒤, 내 입에서는 더 이상 거칠고 험한 말이 나가지 않는다. 그 험한 말들이 내게 도움이 되지 않는다는 걸 알기 때문이다. 내가 원하는 바를 상대가 기꺼이 하게 하려면 우선 마음을 얻어야 한다. 강요하지 않아도 상대 스스로 알아서 내 손을 잡도록 하는 현명한 전략이 필요하다는 뜻이다. 행여 누군가 내게 말로 폭력을 가해 오더라도 그 공격에 힘으로 맞설 게 아니라, 얼음을 녹이듯 적대적 에너지를 누그러뜨리는 여우 같은 지혜가 필요하다. 똑똑하고 유능한 사람들이 사회에 나와 힘들어하는 건 대부분 내 입에서 나온 말들이 상대에게 어떤 반응을 일으키는지 제대로 알지 못해서다.

  정말 나 자신을 소중히 하고 자신의 가치를 인정하는 사람은 거칠고 험한 말로 스스로를 다치게 하는 우를 범하지 않는다. 스스로 상처받지도, 남에게 상처를 주지도 않고 함께 상생하는 법을 안다. 서로를 존중하면서 나를 정확히 전달하다 보면 의사소통도 한결 수월해지고, 어느덧 자연스럽게 당신 주변에 사람이 모이고 모든 문제가 이전보다 매끄럽게 풀려가는 걸 느낄 수 있을 것이다.

#거칠고험한말은나를제일먼저친다

나는 말로
사람을 얻는 사람인가,
잃는 사람인가

　마키아벨리(Niccolò Machiavelli)는 "사람들은 당신이 어떤 사람인 것처럼 보이는가는 알지만, 실제로 당신이 어떤 사람인지를 아는 사람은 없다"라고 했다. 누군가 생각하는 내 모습은 그가 해석한 나의 이미지일 뿐 나의 실제 모습과 완전히 일치하지는 않는다. 내가 실제로 어떤 사람인지는 상대방을 어떻게 대하고 상대방에게 어떻게 보이느냐에 달렸다고 해도 과언이 아니다. 따라서 부당한 일을 당해 억울하거나 세상이 나를 부당하게 평가한다고 생각된다면 잘잘못을 가리기 전에 내 이미지가 상대에게 어떻게 전달되고 있는지 살펴봐야 한다.

그런데 내 이미지를 가장 즉각적으로 강력하게 드러내는 것은 다름 아닌 '말'이다. 말이 곧 나라고 해도 과언이 아닐 정도다.

얼마 전 후배가 침울한 목소리로 연락을 해왔다. 회사 생활이 너무 힘들다는 그녀에게 이유를 물었더니, 의도치 않게 자꾸 오해를 사는데 이유를 모르겠다는 것이었다. 얼마 전에 중요한 팀 프로젝트를 마치고 임원 한 분이 격려차 저녁 회식자리를 마련했단다. 분위기가 무르익으며 돌아가면서 건배사를 하게 되었는데, 자기 차례가 되었을 때 이렇게 말했다고 했다.

"힘들었지만 많이 배웠습니다. 이 자리를 빌려 저 자신에게 파이팅을 해 주고 싶어요. 제가 제 이름을 부르면 다 같이 파이팅이라고 외쳐 주세요."

말을 마친 그녀는 당당히 자기 이름 석 자를 외쳤고, 좌중은 경탄 반 박수 반인 가운데 파이팅을 외쳐 주었다. 그런데 옆자리에 있던 선배가 조용히 한마디 하더란다.

"팀 막내가 할 말은 아니지. 혼자만 고생했나?"

그녀는 앞으로 더 열심히 해 보겠다는 의지를 표현한 것이었는데 이런 오해를 샀다며 한탄했다. 경력이 짧아 일이 서툴기는 해도 능력 안에서 최선을 다하고 있는데, 매사 이런 식이니 심각하게 이직을 고려 중이라는 것이었다.

"제가 못할 말을 한 것도 아니잖아요?"

물론 후배가 잘못한 것은 없었다. 건배사에 공식이 있는 것도 아니고, 더구나 무슨 말이든 괜찮다는 상사의 권유도 있었다니 말이다. 문제는 내용이 아닌 표현의 방법이었다. 고생한 가운데 배움의 기회를 갖게 되어 감사하고, 이 자리를 빌려 선배들의 격려를 받고 싶다는 한마디만 덧붙였더라면 혼자만 고생했느냐는 억울한 오명을 듣진 않아도 됐을 텐데 말이다.

일, 관계, 심지어 사랑까지 세상 모든 것은 말로 시작되어 말로 끝이 난다. 특히 오래 가져가야 할 관계에서 말은 어쩌면 자신을 드러내는 유일한 표현 수단이라고 해도 과언이 아니다. 그런데 흔히 우리는 말을 하는 데 있어 '솔직함'을 가장 큰 미덕으로 생각한다.

하지만 솔직함을 방패 삼아 내 욕구를 드러내는 데 급급한 것은 아닌지 살펴볼 필요가 있다. 특히 사회생활에서 여과되지 않은 솔직한 표현은 상대의 감정이나 상황을 생각하지 않고 자신의 생각과 입장만 밝히는 것으로 오해를 살 여지가 다분하다. 내 뜻을 전하면서 동시에 상대의 마음과 권리에 위협이 되지 않게 하는 반짝이는 지혜가 필요하다. 어차피 해야 할 말이라면 최소한 내 앞 길에 장애가 되지 않게,

이왕이면 내 길을 밝히는 등불이 되어 준다면 좋지 않을까.

  실력이 좀 부족한 한 부하직원은 늘 잦은 실수를 하는 중에도 감사와 고마움의 표현을 열심히, 진심을 다해 전했다. 똑같은 실수에 지적을 거듭해도 수정되기까지 한참이 걸렸고 다른 부서원에 비해 업무능력도 떨어져 상사인 내 입장에선 고민이었는데, 늘 말끝에 "더 열심히 해서 선배의 짐을 들어드리겠습니다" "제 부족함을 감싸 주셔서 감사합니다" "가르침에 누가 되지 않겠습니다" 하며 마음을 담은 인사를 전하곤 했다. 예쁜 말을 골라서 하니 심하게 야단을 칠 수도 없고, 하나라도 더 가르쳐 주고 싶은 마음이 들었다. 그런데 그렇게 느낀 사람이 나만은 아니었던 듯하다. 임원진과의 식사 자리에서 우연히 그 후배 이야기가 나왔는데 최고참이 한마디 했다.

  "그 친구는 어디 가든 잘 살아남을 거야. 누군들 그런 말 듣고 내칠 수 있겠어."

나는 나를 어떻게 표현하고 있는가

  20년을 기자 생활을 하며 말의 위력을 몸소 체험해온 나는 말의 특성이 돈과 똑 닮았다는 생각을 한다. 길거리에서 무작위로 시민들을 만나 퀴즈를 내고 맞히면 1백만 원을 주는 예능 프로그램이 있다. 사회자가 사람들에게 1백만 원이 생기면 무얼 하겠느냐고 물었더니 친구들과 실컷 놀겠다, 일단 안 쓰고 쟁여두겠다, 미래를 위해 공부하는 데 쓰겠다 등 각양각색의 답이 나왔다. 똑같은 돈이라도 어떻게 쓰느냐에 따라 먼지처럼 사라져 버릴 수도 그 이상의 이득을 가져올 수도 있는 것이다. 말도 다르지 않다. 똑같은 상황, 똑같은 사람에게 어떤 말을 어떻게 표현하느냐에 따라 관계와 일은 물론 인생까지 놀라울 만큼 달라진다.

"실력이 중요하지, 말 따위가 무슨…"이라고 할지 모르지만 겉으로 보이는 이미지가 자기 브랜드가 되는 세상에서 나를 어떻게 표현하는가 역시 중요한 실력이다. 나를 표현하는 것과 나의 능력이 별개가 아니라는 말이다.

한번 자문해 보자. 나는 나 자신을 어떻게 표현하고 있는가? 원하는 바를 얻기 위해 나는 어떤 말을 쓰고 있는가? 나는 말로 사람을 얻는 쪽인가 말로 사람을 잃는 쪽인가?

늘 좋은 사람과 좋은 상황만 만나는 사람이라면 굳이 신경 쓰지 않아도 된다. 하지만 그런 운이 계속 따라주기에는 인생은 늘 예측불허다. 싫은 사람도 만나야 하고 원하지 않은 일도 해야 하며 때로 누군가의 도움이 절실한 상황도 닥칠 것이다. 나를 제대로 표현하고 상대의 마음을 움직일 수 있을 때 역으로 그것은 상대를 통제할 수 있는 기반이 된다. 그러니 사소한 한마디라도 내 입에서 나가는 말들, 특히 나를 드러내는 말들에 신경을 써 보자. 말의 힘은 생각보다 크고, 우리 인생은 아직 길다.

**#성공은독한놈이아닌
이기는양보를하는자의것**

"예쁜 말을 배워 본 적이 없습니다"

 만일 누가 나더러 다시 태어나도 기자를 하겠느냐고 묻는다면 선뜻 고개를 끄덕이진 못할 것 같다. 힘든 만큼 보람도 있었기에 내 선택을 후회하지는 않지만 이왕 다시 태어난다면 날을 좀 덜 세워도 되는 일, 남에게 웃음을 줄 수 있는 일, 좀 더 선한 영향력을 줄 수 있는 일을 했으면 좋겠다.
 기자로 첫 발을 딛고 몇 년간 나는 굵직한 사건 사고를 주로 다루는 사회부에서 일했다. 자정 넘어서까지 야근을 한 뒤 새벽 4시에 경찰서로 출근해 밤새 사건 사고가 없었는지 체크하고는 혹시 살인 사건이라도 있으면 누가 누구를 왜

죽였는지, 도구가 뭐였는지, 사인이 뭔지 등 담당 형사를 붙들고 실랑이를 벌이곤 했다. 전달자 입장에 서다 보니 걸러지지 않은 거친 말들을 그대로 들을 수밖에 없었고, 미담 기사를 쓰는 게 아니었기에 내 입에서 나가는 말들도 자극적이고 험한 표현투성이였다. 거친 말이 오가는 한복판에 살면서 어찌나 몸과 마음이 고단하던지 가방 안에는 항상 시집을 넣고 다녔다. 말로 다친 마음을 그렇게라도 다스리고 싶어서였다. 내 입에서 나가는 말임에도 불구하고, 말에 의해 통제당하며 살고 있다는 생각을 그때 처음 했다.

그렇지 않아도 학창 시절부터 독설가라는 말을 들을 만큼 직설적이고 차가운 말을 써오던 나였다. 상대가 누가 되었든 잘못된 것은 반드시 짚고 넘어가야 직성이 풀렸고, 그렇게 하는 것이 정의라고 생각했다. 늘 부정적이고 거친 말들을 내뱉으니 사람들과 일상적인 대화를 할 때도 기분 좋은 말, 따뜻한 말이 내 입에서 나갈 리 없었.

그러다 보니 일은 잘했을지 몰라도 곁에 머무는 이가 없었다. 시시비비를 가리는 것을 떠나 내가 무심코 던진 말이 누군가에게 큰 고통이 될 수 있고, 그것이 결국 내 눈물이 될 수도 있다는 걸 그때는 왜 몰랐을까. 같은 말이라도 얼마든지 상대를 배려해 전할 수 있고, 그로 인해 나 역시 힘을 얻을 수 있다는 걸 진작 알았더라면 기자가 된 후 첫 몇 년을 그렇게 촉각을 곤두세운 채 힘들게 살지 않아도 되었을지 모른다.

돌이켜 보면 나는 스스로를 다치게 하지 않으면서 내 뜻을 전하고 원하는 것을 얻는 방법을 배운 적이 없었다. 많은 심리학자들이 이상적인 자기표현은 자신의 뜻을 전달하면서 그와 동시에 상대의 인격과 권리를 존중해 주는 '공감적 주장'이라고 말한다. 이런 공감적 주장이 필요한 경우가 어디 기자 노릇할 때뿐이겠는가. 무언가를 요구하고 남의 말을 걸러들을 줄 알고, 그런 와중에 설득과 협상을 해나가는 것은 사실 모든 생활에서 필요한 삶의 기술이다.

나에게 전하는 칭찬과 격려의 말들

만일 스스로 불행하다는 생각이 든다면 내가 할 수 있는 일은 세 가지다. 남을 변화시키는 것, 내가 처한 상황을 변화시키는 것, 그리고 스스로를 변화시키는 것이다. 남을 변화시킬 수 있는 가능성은 설사 가족이라 하더라도 극히 희박하다. 두 번째, 상황을 변화시키겠다며 사표를 쓰거나 다른 일을 찾는 것은 순간적인 만족을 줄 수 있을지 몰라도 또 다른 고통으로 이어질 가능성이 크다. 충동적인 행동이 문제의 근본을 해결해 주지는 못하기 때문이다.

내가 취한 것은 세 번째 나 자신을 변화시키는 것이었다. 나쁜 말, 거친 말을 듣는 것을 최대한 줄이고 차단했다. 일과 나 자신을 분리해 생각했고, 무엇보다 농담이더라도 남이 하는 험담은 일부러 피했다. 행여 좋지 않은 말을 들으면 그 즉시 잊어버리려고 노력했다. 험한 말은 듣지도 않고 하지도 않았으며 지적 대신 격려를 전했고, 감사와 친절의 말을 일부러 달고 살았다. 어떤 말을 어떻게 전할 것인가를 인생의 중요한 과제로 삼고 사람들을 만날 때마다 의식적으로 노력을 기울였다.

'이렇게 하면 내 뜻이 제대로 전해지는구나' '이런 말을 하면 나도 좋고 상대도 좋구나' 하는 경험이 쌓이면서 내 입을 통해 나간 좋은 말, 예쁜 말들이 몇 배의 선물로 되돌아온다는 것도 알게 되었다.

그리고 또 하나, 깊은 관계를 맺고 인생에 도움이 되는 좋은 대화가 꼭 유창한 말솜씨가 있어야만 되는 게 아니라는 것도 깨달았다. 할 말을 찾지 못할 땐 그저 입을 다물고 상대의 말을 되풀이해서 공감을 표현하는 걸로 충분했다.

이제는 조금 억울하기도 하다. 내 안에 있는 이런 아름다운 말, 좋은 말들을 꺼내지 못하고 독한 말들 속에 살았던 지난 시간들이 너무 아깝다. 그 시간 속에서 나는 얼마나 많은 좋은 사람들과 그 속에서 얻을 수 있는 따뜻한 경험들을 놓쳤을까.

  약해 보일까, 만만해 보일까 두려워 일부러 센 척 독이 어린 말을 쏟아내던 지난 시간들이 아쉬울 때마다 나는 좋은 말, 따뜻한 말들을 몇 배로 더 전하곤 한다. 그리고 과거의 나를 탓하기보다 하루하루 노력하고 애쓰고 있는 나 자신에게 칭찬과 격려의 말을 건넨다. 후회와 자책도 내 삶에 하등 좋을 게 없으니 애써 그것들을 말로 형상화시킬 이유가 없다.

  결국 내가 할 수 있는 건 현재의 내게 집중해 조금 더 나은 사람, 조금 더 행복한 사람이 되기 위해 노력하는 것일 테니 말이다.

#나쁜말은변기통에넣어흘려보내는거야

실력 있는 사람은 차고 넘친다

"이곳은 기술 회사인가(Is this a technology company)?"

미국 실리콘밸리에 있는 페이스북 본사 벽면에 큼지막하게 적혀 있는 문구다. 직원들이 자주 오가는 복도에 설치된 이 말은 페이스북이 지향하는 가치관과 비전을 역설적으로 표현하고 있다. 페이스북은 2004년 프로그래밍의 천재 마크 저커버그(Mark Elliot Zuckerberg)에 의해 창립된 이래 최단 시간 내에 세계 최대 규모의 SNS 업체로 성장했다. 대체 비결이 뭘까?

뛰어난 데이터 분석으로 이용자들의 관계망을 구축해 주

고 좀 더 정교한 콘텐츠를 실시간으로 찾아낼 수 있다는 편의성이 큰 몫을 하지만 근본적인 이유는 다른 데 있다. 바로 '사람에 대한 깊은 관심'이다. 구글을 비롯한 굴지의 기업들이 엄청난 데이터와 기술을 보유했어도 인적 관계망 지원에서 페이스북을 뛰어넘지 못하는 이유가 여기에 있다. 기술이 먼저인가 사람이 먼저인가라는 질문에 페이스북이 택한 것은 사람이었다.

이는 프로그래밍의 천재인 창업주 마크 저커버그의 행보를 통해서도 확인할 수 있다. 그는 하버드대학에서 컴퓨터 과학을 공부하면서 동시에 심리학도 함께 전공했다. 모 잡지와의 인터뷰에서 그는 "사람들이 가장 흥미를 갖는 것은 기술 자체가 아닌 다른 사람들"이라는 말로 공감의 필요성을 강조했다. 사람에 대한 진지한 관심, 사람 우선인 그의 가치관이 혁신의 밑거름이었던 것이다.

어떻게 사람의 마음을 잡을 것인가

흥미로운 것은 경제지 기자로서 내가 만나온 수많은 CEO들이 공통적으로 지향하는 바도 이와 다르지 않다는 것이다. 그들은 한결같이 이렇게 말한다.

"무슨 일을 하던 결국 사람이 중심에 있고, 따라서 진정한 성공은 어떻게 사람의 마음을 잡느냐에 달렸다."

최고 경영진들이 모인 좌담회에서 한 CEO는 이 같은 이유에서 인재 선발 기준을 인성, 즉 사람 됨됨이에 둔다고 단언했다. 스스로 인성을 갖추지 못한 사람은 제 아무리 실력이 뛰어나다 한들 사람의 마음까지 움직일 수 없다는 설명이었다. 이해타산 없이 사람을 돕고 공적을 나눌 줄 알며 타인을 위한 관계를 맺을 줄 알 때 결국 최고의 성과를 창출할 수 있다는 그의 주장에 어느 하나 이견을 다는 이가 없었다. 탁월한 인재 양성으로 정평이 난 그는 "2~3년 차 사원들의 말하는 품새, 즐겨 쓰는 단어만 봐도 그 친구가 최고의 자리까지 오를 수 있을지 아니면 어느 정도 위치에서 멈출지 바로 알 수 있다. 실력이 뛰어난 사람은 차고 넘친다. 그 실력이 끝까지 발휘되도록 하는 건 결국 인성"이라고 말했다.

미국 컬럼비아 대학교에서 사회적으로 성공을 거둔 수백 명의 CEO를 대상으로 성공 비결에 관해 설문 조사를 시행한 적이 있다. "당신과 당신의 회사가 성공한 이유 중 가장 중요한 비결은 무엇인가?"라는 질문에 뛰어난 기술력이나 업무능력을 성공 비결로 꼽은 사람은 15%가 채 되지 않았다. 나머지 85%의 사람은 원만한 인간관계와 올바른 조직 문화를 위한 공감능력을 꼽았다. 또한 10년에 걸쳐 진행된 또 다른 조사에 따르면 퇴사한 사람들의 해고 사유 중 95% 이상이 업무 능력 부족이 아니라 대인관계 문제 때문이었다고 한다.

세상이 아무리 급변한다 해도 결국 원하는 위치에 오르고 성공적인 인생을 살려면 실력만으로는 역부족이라는 얘기다. 아니 실력보다 우선인 것이 사람됨, 인성과 태도라 해도 과언이 아니다. 앞서 언급한 CEO의 말처럼 실력이 뛰어난 사람은 차고 넘쳐도 따뜻한 성품으로 사람을 우선시하는 사람, 사람의 마음을 다룰 줄 아는 사람은 드물기 때문이다.

심리학자 알프레드 아들러(Alfred Adler)는 말했다. "타인에게 관심을 갖지 않은 사람이 인생에서 가장 큰 고난을 겪으며, 타인에게도 가장 큰 상처와 위험을 준다. 인간이 살면서 겪는 모든 실패는 바로 이런 유형의 사람들에게 발생한다."

글로벌 기업에 다니는 F는 일 처리가 신속하고 두뇌 회전이 빨라 상사들은 모두 그를 하나같이 신임하고 아꼈다. 그러나 우연히 부하직원들로부터 F의 성품에 대해 듣게 되었는데, 그는 자신의 성과를 높이기 위해서라면 악마에게라도 영혼을 판다는 평이었다.

후배의 성과를 가로채는 것은 기본이고 자신을 위해 열의를 다하는 동료들을 더욱 채찍질하고 그 과정에서 험한 말을 서슴지 않는다고 했다.

불가능한 상황을 해결한 후배에게조차 "이것 밖에 못하느냐, 참으로 무능하다"라고 비난을 하고 상대적으로 일의 성과가 더딘 후배에게는 멸시하는 눈초리와 인신공격성 언행을 퍼부었다. 자신밖에 모르는 F는 그럼에도 불구하고 승승장구했다. 그를 지켜보는 사람들은 하늘도 무심하다며 사필귀정이 있는지 모르겠다고 한탄했다. 어떤 이들은 악인이 잘 되는 부조리한 세상에 상처 입는다며 울분을 토로했다.

이미 수많은 직원들이 그를 못 견뎌 다른 회사로 떠났고, 그나마 F가 신뢰하고 필요로 하는 극소수의 동료들만 남아 그의 앞에서만 거짓 관계를 맺었다.

그러기를 몇 년. 하지만 세상에 소문이 안 나는 진실은 없나 보다. 결국 F가 저지른 과거의 횡령과 배임이 들통났고, 현재 모든 것을 잃고 고통받고 있다. 남을 아프게 해서 끝까지 잘 되는 사람을 보기는 참 드물다.

#그사람이쓰는단어만봐도어디까지올라갈지보인다

애니웨이,
집중할 건 나 자신

 화장품 회사에 다니는 C는 만날 때마다 '기승전 근심 걱정'이다. 동료의 말 한마디에 상처를 받고 늘 다른 사람들 때문에 힘들다며 불평불만을 늘어놓는다. 주변 사람들의 언행 하나에 민감하기 때문에 남 얘기를 입에 달고 사는 것이 일상. 타인의 평가가 중요하기 때문에 언제나 자신을 과장하고 포장한다.
 사람들의 평가에 휘둘리는 만큼 지인을 하나하나 도마 위에 올려놓고 해부하는 것도 즐긴다. 내가 아닌 남을 바라보는 것에 에너지를 많이 쓰는 탓에 매사 남과 비교하고 시기

심과 질투심도 많다. 남의 눈을 의식하다 보니 남들이 알아봐 줄 명품 신상 백에 연연하는 것은 물론 구경도 못해 본 외국 여행지를 옆집 놀러 가듯 들락거린 양 꾸며 말하기에 이른다.

그런데 그녀가 착각하는 게 하나 있다. 주변 사람 모두 자신의 말에 속아 준다고 믿는 것이다. 배움의 정도를 떠나 어느 누구라도 거짓과 진실을 분별하는 판단력은 있다는 사실을 잊어선 안 된다. 스스로를 사랑하지 못하는 그녀는 타인에게 칭찬을 듣거나 긍정적인 반응을 얻어도 항상 의심한다. 속으로 다른 생각을 할지 모른다며 있는 그대로 받아들이지 못하는 것이다. 솔직한 자기 생각을 말할 자신이 없으니 뜻하지 않은 오해를 불러일으키는 것도 다반사다.

이렇듯 남의 시선에 민감하고 시기 질투가 많으며 언제나 누군가를 흠집 내고 내가 다칠까 꽁꽁 싸매고 있는 이들의 특징이 뭘까.

자신을 귀하게 여기는 마음, 즉 자존감이 없다는 거다. 이 바쁜 일상에서 내 마음을 들여다보고 내게 집중하는 시간도 부족한 마당에 다른 사람을 바라보고 평가할 시간이 어디 있겠는가.

고백컨대 이렇게 말하는 나 역시 30대를 다 지나도록 스스로를 사랑하며 온전한 내 모습으로 살지 못했다. 20대에는 취업과 생존 때문에, 언론사에 입사해 조금 안정됐다 싶었던 30대에는 세상이 나를 어떻게 볼까 신경 쓰느라 정작 소중한 나 자신은 늘 뒷전이었다. 내가 없고서는 세상 그 무엇도 중요하지 않다는 것, 다른 사람들이 나를 어떻게 보는지는 아무짝에도 쓸모없다는 걸 깨달은 건 반짝반짝 빛나는 청춘을 거의 소진한 후였다. 그 사실을 깨달은 순간, 남은 시간도 그렇게 산다면 얼마나 어리석은 인생일까 생각했다.

'내 마음'을 0순위로 끌어다 놓는 일

뼈저린 후회 끝에 나는 인생 노선을 바꾸기로 결심했다. 중요도 순위에서 가장 마지막이었던 '내 마음'을 0순위로 끌어다 놓고 내 세계를 구축하는 데 몰입하기 시작한 것이다. 현재 내 슬로건은 애니웨이(Anyway), 즉 '그러든지 말든지'다. 진작 깨달았더라면 좋았겠지만 더 늦기 전에 지금이라도 다시 시작해 보자는 마음이었다. 내게 주어진 시간 중 바로 오늘이 가장 젊은 날이 아닌가. 그것은 기억조차 나지 않는 아주 어린 시절로 돌아가는 것이기도 했다.

어렸을 적에는 누구나 자신을 사랑한다. 내 마음이 가장 중요하고 원하는 것을 표현하는 데 주저하지 않는다. 그러나 말을 채 떼기 전부터 우리는 스스로를 아끼고 사랑하는 것이 버릇없고 반사회적인 것이라 배운다. 나도 그랬다. 나를 낮추는 게 남을 배려하는 거라 배웠고, 자기희생이 곧 미덕인 줄 알았다.

그러나 19세기 영국의 천문학자 존 허셜(John Herschel)이 말했듯 '자존이야말로 모든 미덕의 초석'이다. 스스로 가치 있는 존재임을 인정하지 않는데 어떻게 타인을 배려하고 사랑할 수 있을까. 자존감은 인생의 역경에 맞서 이겨낼 수 있는 자신의 능력을 믿고 내 노력에 따라 삶에서 성취를 이뤄낼 수 있다는 일종의 자기 확신이다.

자신을 지탱해 주는 감정의 심지가 굳건하기 때문에 다른 사람의 비난이나 어쩌다 생기는 실수에도 바람 앞의 등잔불처럼 흔들리지 않는다. 인생의 굴곡 앞에서도 유연하게 대처할 수 있으며 회복탄력성이 높아 우울증이나 조울증 같은 감정적 질병에도 쉽게 노출되지 않으며 스트레스를 이기는 강철 멘탈도 장착된다.

반대로 자존감이 낮은 사람은 심한 열등감이 외부로 표출돼 원만하지 않은 대인관계로까지 이어지는 경향이 많다. 남들에게 무언가를 전하는 말을 할 때도 세상을 보는 굴절된 시각 탓에 곡해된 진실을 전해 뜻하지 않게 사이를 갈라놓거나 오해를 불러일으키는 일이 다반사다.

그렇다면 자존감을 장착하는 방법이 무엇일까.

전 세계적으로 베스트셀러가 된 『행복한 이기주의자』의 저자 웨인 다이어(Wayne Walter Dyer)는 사랑에 대한 정의를 "좋아하는 사람이 스스로를 위해 선택한 일이라면 무엇이나, 그것이 자기 마음에 들든 말든 허용할 줄 아는 능력과 의지"라고 했다. 별것 아닌 듯 보이지만 사실 내 기대와 상관없이 상대가 택한 것을 수용할 줄 아는 사람이 많지 않다.

그런데 사실 그 방법은 정말 단순하다. 나에게 집중하는 것, 자신을 가장 중요하게 생각하고 소중하게 여기는 것이다. 내가 정말 귀하고 멋지다고 생각하게 되면 굳이 남에게 내 뜻을 강요함으로써 내 가치를 인정받지 않아도 된다. 스스로에게 확신이 섰으니 타인의 시선에 굳이 나를 맞출 필요도 없다. 자연히 타인에게 너그러워지고 진심으로 남을 위하는 마음이 생겨난다.

거기까지 이르면 더 이상 계산된 사랑을 하지 않게 된다. 어떤 보상을 바라고 베푸는 것이 아니라 남을 돕거나 사랑하면 그 자체에도 즐거움이 생겨난다. 결국 내가 행복하려고 남도 '애정 하게' 되는 것이다.

반대로 자신을 소중하게 여기지 않고 사랑받을 자격이 없다고 생각하면 다른 사람에게 사랑을 베푸는 것 자체가 불가능하다. 마음의 여유도 없거니와 내가 가치 없는 사람이니 내 사랑도 하찮게 여겨질 수밖에 없기 때문이다. 별 볼 일 없는 내 사랑을 감히 누구에게 주겠는가.

내면의 힘인 '이너월드(Inner World)'를 탄탄히 구축해 자존감으로 무장한 사람은 즐겁고 긍정적인 에너지를 뿜어 매력적이라는 평가를 받을 수밖에 없다. 타인의 평가에 휘둘리지 않고 항상 당당하기 때문에 나를 돋보이기 위해 과장할 필요가 없으니 솔직하다는 공통점도 있다.

어렵게 생각하지 말자. 내 가치는 오직 내가 결정하는 것이고 어느 누구에게 인정받을 필요가 없다. 세상에서 단 하나뿐인 존재라는 자체만으로 족할 뿐, 내 행동이나 실수와는 무관하다. 가혹한 자기 잣대를 내려놓고 지금부터라도 나를 사랑하는 연습, 내게 집중하는 연습에 몰입해 보자. 오직 그것만이 어제보다 행복한 오늘을 맞을 수 있는 유일한 길이다.

#내마음이0순위다

휘둘리지 않고 당당해지려면

꽤 묵직한 울림으로 깊은 인상을 남긴 드라마 한 편이 있다. 타임슬립을 모티브로 했다고 생각했지만 모든 이야기가 치매에 걸린 주인공의 뒤죽박죽된 생각이었다는 반전을 준 드라마 〈눈이 부시게〉다. 주인공 혜자의 생각 속 이야기는 이렇다. 사고로 죽은 아버지를 되살리기 위해 거듭 시간을 되돌린 혜자는 그 대가로 꿈과 사랑, 젊음을 모두 잃고 기대할 것 하나 없는 노인의 삶을 살게 된다. 갈등과 번민을 삭여가며 스스로를 다독이지만 새로 펼쳐진 현실은 훨씬 냉정했다. 목숨을 얻은 대신 한쪽 다리를 잃은 아버지와 장애자가 된 아버지 곁에서 억지웃음을 보여야 하는 어머니, 갑자기 연인이 사라져 버려 미래에 대한 기대를 놓아 버린 남자 친구까지. 그 모든 것이 과거를 바꾼 대가라는 걸 깨달은 주인공은 다시 시간을 되돌린다 한들 또 다른 희생을 치러야 한다는 사실을 깨닫고는 지난날에 대한 미련을 버린다. 세상의 모든 일이 무엇 하나 거저 쥐어지는 건 없다는 걸 깨달은 그녀가 남긴 한마디.

"등가교환의 법칙이라는 게 있어. 뭔가 갖고 싶으면 그 가치만큼의 다른 뭔가를 희생해야 해. 이 세상은 이 등가교환의 법칙에 의해 돌아가."

등가교환이란 경제학에서 사용되는 용어로 어떤 상품의 가치와 가격이 일치하는 교환을 뜻한다. 이때의 가치란 단순한 쓰임새, 즉 효용가치만을 뜻하는 게 아니라 그 상품을 만들어내기까지 소요된 노동 시간, 즉 생산 과정상의 가치까지 포함한다. 어떤 것을 만들어내기 위해 들어간 땀과 노력, 시간까지 모두 포함한 개념인 것이다.

무엇을 추구하든 우리 인생도 다를 바 없다. 원하는 것이 행복이든 성공이든 무언가를 얻으려면 반드시 그에 상응하는 노력과 희생, 얻는 것만큼의 대가를 치러야 한다. 타인을 생각하는 좋은 품성과 나의 품격을 올리고 사람의 마음을 사로잡는 말을 내 것으로 갖추려면 그에 상응하는 노력과 자기 훈련이 따라야 한다는 뜻이다.

시선을 나에게 돌리는 일

　실력은 동년배보다 월등히 뛰어나지만 늘 인간관계로 힘들어하고 윗사람으로부터 태도 문제를 지적받는 한 후배에게 이런 말을 했다. "네가 하루 종일 쓰는 단어 중 가장 많이 쓰는 말을 매일 적어 봐. 남에게 지적받은 행동들도 매일매일 반추해 보고. 하루도 빼먹지 않고 매일 적고 생각하면서 네가 가진 문제를 스스로 찾아내는 게 먼저야."
　남 탓, 세상 탓만 하느라 스스로 노력하려는 생각은 전혀 하지 못하는 그에게 전한 뼈아픈 충고였다. 몇 달 뒤 다시 만난 후배는 노트 한 권 분량의 습관 일지를 내게 보여 주었다. 단 5분이라도 하루 동안의 언행을 되돌아 보는 시간을 빼먹지 않았고, 그러다 보니 자기가 가진 문제가 눈에 보이기 시작했다고 한다. 현재 그는 매일 아침 눈뜨자마자 좋은 언행으로 하루를 채워 보겠다는 의지를 다지는 명상을 하고 있다.
　세상을 내 편으로 만들기 위해 무엇보다 필요한 것은 내면에 집중해 자기 자신을 올곧게 바로 세우는 작업이다. 관계를 망치는 감정이 실은 내게서 기인하고, 나에게 발생하는 문제는 결국 내가 그것을 어떻게 받아들이느냐에 따라 그 무게나 중요도가 전혀 달라지기 때문이다.

시선을 나 자신에게 돌리면 내 눈에 내가 어떻게 비치는지가 더 중요해지기 때문에 남의 관심을 끌기 위해 과장할 필요도 없고 남의 평가에 따라 기분이 좌우되지도 않는다. 외부의 자극에 예민하지 않을뿐더러 상처를 받아도 스스로 치유하는 법을 알고 있다. 세상에서 내가 가장 귀한 존재임을 깨닫고 나 자신을 함부로 대하지 않는다. 당연히 스스로에게 좋은 말, 긍정적인 표현을 하게 된다.

나를 바로 세우지 않고서는 모든 문제를 타인과 세상 탓으로 돌리게 되고 스스로 만든 우울의 굴레에서 빠져나올 수 없다. 지방 야간대 F학점, 여드름 투성이 외모에서 연봉 10억 원의 훈남이라는 드라마틱 한 성공으로 유튜브에서 큰 화제를 불러일으켰던 한 청년은 외모부터 실력에 이르기까지 무엇 하나 갖춘 게 없는 자신의 삶을 바꾸기 위해 10여 년간 수많은 책들을 독파했고, 책에서 배운 것을 체화하기 위해 그만의 독서법까지 만들었다. 책을 한 번 읽고, 읽는 중에 인상적인 부분을 접고, 다시 읽으며 괄호를 치고 간단히 메모를 남기며 그마저도 모자라 컴퓨터에 기록한다. 그러고는 하루가 지난 뒤 괄호 친 부분을 다시 읽고, 5일 뒤에 다시 한 번,

서너 달 뒤에 또 한 번 그렇게 반복적으로 체화하는 연습을 했다는 것이다. "망각하는 동물이 할 수 있는 건 복습뿐"이라며 접힌 부분이 30~40개 이상인 책들을 대중에게 공개하기도 했다. 게임 오타쿠에 아르바이트 면접조차 수십 번 떨어졌던 그가 세 개 법인의 CEO가 되기까지 세간에 드러나지 않은 노력은 훨씬 더했을 것이다. 하지만 10여 년 피나는 노력 끝에 그는 자기 자신의 내면을 이해하는 것은 물론 사람의 마음, 조직이 돌아가는 원리를 터득하게 되었고 일상적인 대화조차 힘들어하는 외톨이에서 만인 앞에서 기분 좋게 자기표현을 할 줄 아는 멋진 사람으로 거듭나게 되었다.

책을 통해서든, 반성과 명상을 통해서든, 한 번쯤 시도해보는 것만으로는 충분하지 않다. 행복하겠다는, 나를 힘들게 하는 장애를 걷어내겠다는 단호한 결심과 실행이 필요하다. 계속 반복해서 노력할 때 생각은 믿음으로 바뀌고, 그 믿음은 나를 바로 세워 변화의 길로 인도하는 가장 강력한 무기가 된다. 이때 필요한 것은 재능이 아닌 의지다. 사람은 어떤 경험도 즐겁고 도전할 만한 것으로 만들 수 있다. 그런 대가를 치르고 얻게 될 것은 이전과 달라진 나, 더 이상 타인에게 휘둘리지 않고 당당해진 나 자신이다.

#하루종일쓰는단어중가장많이쓰는단어를적어봐

나는 나에게
가장 좋은 것만 주고 싶다

"그러다가 호구로 보이면 어떻게 해요? 친절하게 말하면 꼭 이용하려고 드는 사람들이 있잖아요."

비난의 말, 남을 탓하는 거친 말 대신 곱고 예쁜 말을 써보라고 하면 대뜸 나오는 반응이다.

먼저 잡아먹지 않으면 잡아먹히는 약육강식의 사회에서 예쁘고 고운 말을 남발하다간 되레 만만한 사람으로 몰려 손해 보기 십상이라는 생각에서다.

하지만 이는 하나만 알고 둘은 모르는 소리다. 예쁜 말이란 결국 타인이 아닌 나 자신을 위한 것이기 때문이다. 이 시대가 원하는 예쁜 말이란 결국 상대의 마음을 상하게 하지 않으면서 나는 다치지 않고, 하고 싶은 말은 다하면서 원하는 결과를 이끌어 내는 기술이다. 얕보이지 않는 부드러운 카리스마로 바보들에게 웃으면서 대처하는 그런 기술이다.

한번 자문해 보자. 손해 보지 않으려고 거친 말을 내뱉은 들 실제로 내게 득이 된 적이 얼마나 되던가. 냉정히 말해 내가 던진 날카로운 화살들은 상대에게 가닿지도 않을뿐더러 되레 상대로 하여금 나를 공격하게 할 빌미가 될 뿐이다.

사회생활에 첫 발을 떼면서부터 우리는 언제 어디서든 약자의 입장에 서게 된다. 그 위치에서 아무리 강하게 제 주장을 펼친들 나보다 강자인 상대에게 내 의견을 관철시키기란 거의 불가능하다. 어쩌면 거꾸로 그로 인해 예기치 않게 내가 공격당하는 위기 상황에 놓일지 모른다. 결국 내가 쏜 화살에 내가 다치는 쓴웃음 나는 형국이 될 수도 있다.

태도와 언변을 갈고 다듬어야 하는 실제적인 이유가 바로 여기에 있다. 거친 말 대신 예쁜 말로 원하는 바를 얻고 스스로에게 이득이 되는 현명한 전략을 취해 보자는 것이다.

예쁜 말이 무엇인지 한번 정확히 정의 내려 보자. 스스로를 위하는 마음이 전혀 없이 억울함과 희생을 전제로 하는 예쁜 말과 나 자신에게 더 큰 도움이 되는 예쁜 말을 구별하는 것이 핵심이다. 여기서 가장 중요한 대전제는 예쁜 말을 하는 가장 큰 목적은 그 누구도 아닌 자기 자신을 위해서라는 것이다. 그런 의미에서 진정한 예쁜 말은 자신의 무능이나 나약함을 숨기는 포장지가 아니다. 나만이 아닌 타인에게도 이로운 말을 전할 때 비로소 강력한 힘이 발휘된다.

흔히들 남을 생각해 배려하는 말을 하다 보면 내 정신적 에너지가 바닥이 나지 않을지, 또 남에게 이용만 당하게 되지 않을지 의심한다. 하지만 현명한 베풂, 남과 나 자신을 동시에 배려하는 예쁜 말은 오히려 내게 더 큰 활력을 주고 구체적인 이득을 가져다 준다.

스스로에게 따뜻한 말을 전할 수 있는 사람은

이와 관련해 타인에 대한 배려심과 건강이 밀접한 관련이 있다는 연구 결과도 있다. 호주에서 60대 성인 2,000여 명을 대상으로 조사한 결과, 연간 봉사시간이 100~800시간인 사람이 100시간보다 적거나 800시간보다 많은 사람보다 더 큰 행복을 느끼고 삶의 만족도도 컸다. 같은 실험을 미국에서 실행한 결과에서도 최소한 100시간 이상 남을 위해 봉사한 사람이 그렇지 않은 사람보다 생존 확률이 훨씬 컸다. 이것이 배려에 관한 '100시간의 법칙'이다. 연구 결과 연간

100시간(일주일에 2시간)을 투자해 남에게 봉사한 사람은 그렇지 않은 사람에 비해 1년 후 행복감, 만족도, 자부심이 더 커지는 것으로 나타났다. 일주일에 2시간이 우선순위의 다른 일을 희생시키거나 무리하는 일 없이 의미 있는 변화를 이끌어내는 시간인 셈이다.

나는 이것이 우리가 하는 말에도 똑같이 적용된다고 생각한다. 할 수 있는 선에서 나의 만족도 기대하며 전하는 배려의 말은 자부심과 행복감을 키워 준다. 스스로의 가치를 함양시켜 자존감을 높여 주는 것이다. 더욱이 그 배려의 말은 실제적인 도움으로 돌아온다. 호혜의 원칙에 따라 사람은 누군가로부터 배려나 친절을 받으면 반드시 이를 갚아야 한다는 생각을 본능적으로 갖게 되기 때문이다.

그래서 나는 예쁜 말을 권할 때 '나 100%의 법칙'을 기억하라고 말한다. 관심을 남과 세상에 두지 않고 오직 나 스스로에게 100% 집중해 나 자신에게 이득이 되는 말을 골라 보라는 것이다. 남에게로 향하던 화살을 거두고 관심의 대상을 오직 나 한 사람으로 국한시켜 보라는 것. 내가 나를 귀하게 여기자는 결심을 하게 되면 말부터 예쁘게 하게 된다.

내 입에서 나오는 말을 가장 먼저 듣게 되는 건 나 자신인데, 소중하고 귀한 나에게 내가 먼저 거칠고 험한 말을 들려줄 수는 없으니까.

나 자신을 학대하고 부정할수록 내 입에서 나오는 말도 거칠고 부정적이게 마련이다. 스스로에게 따뜻한 말을 전할 수 있는 사람만이 남에게도 좋은 말을 전할 수 있으며, 남에게 좋은 말을 하려는 노력을 거듭할수록 그런 나 자신에게 애정이 샘솟고 자부심도 커지게 마련이다. 이것이 바로 진정한 예쁜 말, 힘을 가진 예쁜 말이 가져다 주는 선순환인 셈이다.

#힘을가진예쁜말이가져다주는선순환

"말이 무슨 소용이야" "그래봤자 말인데 뭘"이라고들 하지만
말은 행동만큼이나 중요하고 우리 삶에 결정적인 영향을 미친다.
말로 입은 상처가 평생 가듯, 말로 인한 동기부여가 숨은
잠재력을 일깨워 예상치 못한 성장을 이루게도 한다.
빌 게이츠(Bill Gates)는 "우리 모두는 좋은 피드백을 줄 사람이 필요하다.
그것이 우리가 더 발전할 수 있는 방법"이라고 말하기도 했다.
그래서 나는 누구를 만나든 그가 가진 좋은 점, 숨은 재능을 찾아내고
이를 구체적인 말로 전하려고 노력한다.
상대가 깨닫지 못한 장점을 말로 일깨워주는 순간,
무한대의 성장 가능성이 열리기 때문이다.

[2장]

싸우지 않고 이기는 사람은
말하는 법부터 다르다

"뭘 도와드릴까요"의 힘

줄곧 회사 생활을 해오던 R선배는 자신의 이름을 건 브랜드 마케팅 기업을 세웠다. 그동안 맺어온 인맥을 총동원해 이를 사업화한 R선배의 도전에 후배들은 모두 격려의 박수를 보내고, 늦깎이 사장의 성공을 기원했다. R선배가 시작부터 컬래버레이션을 한 브랜드는 평소 오랜 인연을 맺어온 지인들과 만든 합작품이었다. 그들은 R선배와 손을 잡고 신규 브랜드를 창출하거나 새로운 마케팅 기법을 도입해 상생을 도모하기 위해 모였다.

하지만 시간이 갈수록 R선배를 떠나는 파트너들이 생겨났다. 물론 투자 대비 아웃풋이 나오지 않은 탓도 있겠지만 그의 이기적인 언행이 그 단초를 제공하지 않았을까 생각한다.

어떤 모임에서건 "너, 나 뭐 도와 줄 거니" "나 도와 줄 게 있는지 생각해 봐" "그거 예쁘다, 내 것도 하나 준비해 봐" 등과 같은 습관성 어투는 일로 엮인 R선배의 지인들을 지치게 했을 수도 있다. 결국 R선배와 잡았던 손을 놓은 C대표는 "타인의 시간과 자금을 본인만을 위해 써야 하는 줄 알고 있는 이기적인 사람과 누가 함께 손잡고 갈 수 있을까"라고 귀띔했다.

지금 내가 근무하는 신문사는 경제지 특성상 1년에도 수차례씩 각종 경제 포럼을 개최한다. 경우에 따라 호텔에서 2~3일에 걸쳐 진행하기도 하는데, 규모가 클수록 일반 기자들은 물론 차장급 이상 관리직도 행사 준비에 정신이 없다. 중요 행사에선 평소 연락이 빈번한 출입처나 홍보 부서에 따로 연락해 참여 여부를 확인하기도 하는데, 손님을 맞는 호스트 입장에 있다 보니 아무래도 아쉬운 소리를 하게 된다.

얼마 전 열린 포럼 때였다. 손님맞이에 한창 바쁘다가 잠시 동료들과 숨을 돌리고 있는데, 누군가 말했다.

"여기 모인 사람들 모두 직장 그만두면 다시는 연락 안 할 사람들이야. 잘해줘 봤자 아무 소용 없어. 이때뿐이야."

다들 동조하듯 고개를 끄덕이는데, 내가 한마디 했다.

"저는 그래도 계속 연락하며 살 것 같은데요? 저 사람들이 회사를 그만두던 내가 그만두던 상관없이요."

그런데 잠자코 듣고만 있던 후배 동료가 대뜸 이렇게 말하는 거였다.

"맞아요. 부장님은 그러실 것 같아요. N그룹 사람도 부장님을 정말 각별하게 생각하더라고요."

이후 자세한 이야기는 듣지 못했지만, 그가 지칭한 N그룹 사람이 아마도 나에 대해 꽤나 좋은 평을 한 듯싶었다. 나와 함께해 줄 우군이 그렇게 포진해 있다는 얘기인데, 많은 이들이 대체 그 이유가 무엇인지 내게 묻는다.

그런데 그들에게 내가 주는 답변은 정말 단순하다. 상대가 누가 되었든 내가 처한 상황이 어떻든 이 한 마디를 해 보라는 거다.

"제가 뭘 도와드릴까요?"

거창한 자선사업이나 희생을 말하는 게 아니다. 사실 내가 처음 이 말을 시작한 건 시간을 효율적으로 쓰기 위해서였다. 대부분 나를 찾는 사람들은 기사를 잘 써달라거나 업무상의 협력을 요청하는 경우가 많다(나뿐만 아니라 직장인 대부분이 그럴 거라 생각한다). 하지만 부탁을 하거나 도움을 구하려니 선뜻 용건을 먼저 꺼내지 못하고 주저주저 말을 못하는 경우가 대부분이었다.

하루에도 걸려오는 전화와 차곡차곡 쌓이는 이메일이 수십 통에 달하며 매일 정해진 편집회의만 4차례. 이 기사는 꼭 좀 들어가야 한다는 홍보실의 부탁 전화와 한 번만 이메일을 열어 보라는 대행사들의 요청 전화가 빗발치는 가운데, 후배들에게 취재를 지시하고 신문에 들어갈 기사들의 우선순위를 결정해 지면 제작에 몰입해야 하는 게 하루 일과다. 이런 와중에 시간을 절약하기 위해 내가 먼저 꺼내든 말이 "뭘 도와드리면 되는데요?"였다. 말하자면 '용건만 간단히'를 곱게 에두른 것이다.

우선 뿌리고 보자

어려운 부탁을 하려던 차에 뭘 도와 주면 되겠느냐는 말을 들으면 상대는 예상치 못한 나의 응대에 대부분 크게 감동을 받는다. 내 입장에서는 시간을 줄이려고 말을 요약(?) 한 것뿐인데, 그런 반응을 보게 되니 말을 내뱉음과 동시에 정말 돕자는 마음이 생겼다. 남을 도울 자리에 있다는 것도 어떻게 보면 감사한 일 아닌가. 더욱이 언제 어느 때 내가 반드시 그들에게 도움을 구할 일이 또 있으니 일종의 투입한 비용이 날아가지 않는 저축성 보험 같다는 생각도 들었다. '우선 뿌

리고 보자. 그러면 언젠가는 거둔다.'

그래서 나는 업무상 누군가를 만날 때 지위 고하를 막론하고 "뭘 도와드릴까요?"를 의식적으로 쓰곤 한다. 안부 인사를 물을 때도 '뭐 필요한 거 있어? 내가 도울 일이 있나?'가 예사다. 그런데 도울 일이 있든 없든 내가 먼저 손을 내미는 것을 원칙으로 삼은 뒤, 예상치 않게 남에게 도움을 받는 일이 많아졌다.

기사나 칼럼을 쓰느라 한참 골머리를 앓고 있을 때 기사 아이템을 챙겨주는 취재원들도 줄을 이었다. 손글씨로 '힘내세요'라 적힌 카드나 카톡 선물하기로 커피 한 잔과 함께 '파이팅'을 외치는 그들은 힘든 일상에 비타민보다 더 기운 나는 존재로 다가왔다. 기억도 안 나는데 과거에 내가 자신을 도왔다며 이제 자신이 도울 차례라고 연락 오는 일도 허다했다.

가족이나 친구가 아닌 다음에야 득실도 따지지 않고 남 도울 생각을 한다는 게 요즘 시대에 미련하게 보일지 모른다. 그렇지 않아도 바쁜 마당에 남 챙길 여유를 낸다는 게 부담스러울 수도 있다. 하지만 실제 우리 삶은 경쟁 논리로만 돌아가지 않는다. 그리고 잠시 짬을 내 남의 손을 먼저 잡는 것이 내게 이로울 때가 훨씬 많다.

많은 사람들이 타인을 돕는 것을 귀찮아하거나 소용없는

것으로 여기는 이유는 당장 눈앞에 보이는 것만 생각하기 때문이다. 무언가 베풀어 신뢰와 신용을 쌓는 데는 분명 시간과 노력이 들지만, 결과적으로는 베푼 호의가 그 몇 배 높게 돌아온다.

세계적 베스트셀러 작가 애덤 그랜트(Adam Grant)는 『기브 앤 테이크(Give and Take·주는 사람이 성공한다)』라는 책에서 '강하고 독한 자가 모든 것을 가져간다'는 우리 사회를 지배해온 성공에 대한 고정관념을 깨고 '바쁜 와중에도 누군가를 돕고 지식과 정보를 기꺼이 공유하며 남을 위해 자신의 이익을 양보하는 사람' 즉 '기버(Giver)'가 성공 사다리의 맨 꼭대기를 차지한다고 썼다. 정반대인 '테이커(Taker)'가 노력 이상의 이익이 돌아올 경우에만 전략적으로 남을 돕는 반면 타인 돕기, 조언하기, 공적 나누기, 남을 위해 인간관계 맺기 등 타인의 이익을 위해 행동하는 기버는 먼저 베풂으로써 훗날의 성공을 위해 좋은 위치를 차지할 확률을 높인다는 것이다. 따라서 기버가 성공하면 사람들은 그에게 총구를 겨누기는커녕 오히려 응원하고 지지하지만 테이커의 성공은 질투를 유발한다.

'주는 사람이 성공한다'는 말은 성공의 대명제임에 틀림없다.

내가 아는 H작가는 평소 말을 할 때 건조한 편이다. 따뜻한 말 한마디를 하는 것이 익숙지 않아 스스로 닭살이 돋는다고 털어놨다. 그러던 그가 '뭘 도와드릴까요'의 효과가 과연 있는 것인지 재미 삼아 실천해 보았다고 한다.

어느 날 평소 연락이 뜸하던 후배한테 전화가 왔는데, 아마도 뭔가 부탁을 하려고 전화를 한 것이 아닌가 싶어 먼저 선수 치듯 "내가 뭐 도와줄 거 있어?"라고 물었단다. 그러자 그 한 마디로 후배는 크게 감동하며 연신 고마움을 표현했다.

"후배에게 실제로 도와 준 게 없는데도 불구하고 전화를 끊자마자 부담스러울 정도로 감사한 표현을 전해 왔어요. 카카오톡 선물을 쏟아내면서 말이지요."

어렵게 생각하지 말자. 그저 내 곁의 누군가를 위해 내가 무엇을 할 수 있을지 생각해 보는 것으로 충분하다. 물론 내가 할 수 있는 선 안에서다. 범주를 넘어선 일이거나 어려운 상황이라면 솔직하게 말하면 된다. 그 자체로도 상대에게 따뜻한 배려이니 말이다.

그렇게 "뭘 도와드릴까요?"라고 먼저 묻다 보면 주변 사람들이(내가 모르는 사람조차) 어느새 나를 응원하는 것을 발견할 것이다. 그들이 적극적으로 나를 돕지 않더라도 최소한 적이 되지 않는단 얘기다. 당연히 적을 만들지 않으면 삶은 한결 가볍고 쉬워진다.

오늘 당신은 누군가에게 어떤 도움을 주었나? 혹시 당신으로 인해 상처받은 사람은 없었나?

주아 드 비브르 호텔의 창립자 칩 콘리(Chip Conley)는 이렇게 말했다.

"베풂은 100미터 달리기에는 쓸모가 없지만 마라톤 경주에서는 진가를 발휘한다."

#뭘도와드릴까요이말만뿌려도언젠가거둔다

상대의 이름을 기억한다는 것

　신문사를 다니면서 많은 선배들을 만나왔지만, 그중 특히 기억하는 선배 하나가 있다. 그는 이야기를 시작하기 전에 항상 이름을 먼저 불렀다.
　"그래, 희정아. 희정아, 무슨 일이니."
　'그의 이름을 불러주었을 때 그는 나에게로 와서 꽃이 되었다'는 시구처럼 어느덧 내가 선배에게 적지 않은 존재감이 있는 사람이라고 생각하게 되었고, 나 역시 점점 선배를 믿고 따르게 되었다. 바쁜 와중에도 선배의 일은 두말 않고 나서서 돕는 것은 물론 이런저런 고민이 있을 때 가장 먼저 찾게 되는 사람도 선배였다. 지금도 여전히 같은 업계에서 일하는 선후배로 서로 든든한 지원군이 돼주고 있다.

그런 기억 때문인지 나 역시 어느 순간부터 사람들에게 직함 대신 그의 이름을 부른다. 특히 후배들을 대할 땐 공적이든 사적이든 용무를 떠나 이름부터 먼저 부른다.

"○○아 오늘 컨디션 좋아 보인다. ○○이 오늘 점심은 뭐 먹었니."

이름을 부르는 순간 상대를 대하는 내 마음가짐도 달라진다. 그의 존재가 내 머릿속에 다시 한번 각인되는 느낌이랄까.

어떤 내용을 담은 대화든 이름을 먼저 부르고 시작하면 크게 언성을 높이지 않게 되고, 기분 좋게 마무리된다는 걸 종종 경험한다. 공공 기관에 근무하는 한 후배는 그런 내 모습이 좋아 보였는지, 자기도 동료에게 이름을 부르기 시작했단다. 효과는 놀라웠다. 경직된 관공서에서 몇몇 사람과 서로 이름을 부르기 시작하니 대화를 나눌 수 있는 점심시간이 즐거워지는 건 물론 서로 당직을 서주는 등 모종의 유대감이 생겼다고 한다.

실제로 CJ그룹과 같은 대기업에서는 과장님이나 부장님처럼 직함을 부르는 대신 이름을 부른다.

'○○○님'이라고 이름을 살려주되 상대를 존중하는 '님'

으로 마무리하는 호칭을 사용한다. 처음에는 어색했지만 직원들의 존재감은 더하는 한편 수평적인 느낌이 든다. CJ그룹의 오너인 '이재현 님'이나 직원들이나 똑같이 귀하고 소중한 존재로 부각되는 것 같다.

미국 32대 대통령 프랭클린 루스벨트(Franklin Delano Roosevelt)가 백악관에 입성하는 데 결정적인 역할을 했던 선거관리 위원장 짐 팔리(Jim Farley)는 한 인터뷰 자리에서 이런 질문을 받았다.

"1만 명의 이름을 외우고 있다고 들었습니다만, 그것이 당신의 성공 비결인가요?"

그가 대답했다. "잘못 알고 계시군요. 5만 명의 이름을 외우고 있습니다."

그는 루스벨트가 선거 유세를 시작하기 전에 미리 미국 서부를 순회했는데, 순회를 마친 후 방문한 곳마다 한 명씩 편지를 보내 자기가 만난 모든 이의 이름을 받았다. 이후 그는 며칠에 걸쳐 명부에 적힌 모든 사람에게 '친애하는 ○○○' 등 친근한 호칭으로 시작하는 편지를 보냈다.

결과는 어땠을까. 상대의 이름을 기억해 따뜻하게 불러 주는 것만으로 루스벨트 진영의 지지율은 크게 올랐다.

이런 심리를 이용해 수백만 달러를 벌어들인 이도 있다. 철강왕으로 알려진 앤드루 카네기(Andrew Carnegie)

다. 사업 초창기 카네기는 침대 열차 사업을 놓고 조지 풀먼(George Pullman)이라는 사업가와 경쟁을 벌였다. 두 회사가 서로 다투는 중에 가격을 내리는 등 제살 깎아먹는 경쟁에 이르자, 카네기는 그를 만나 공동투자를 제안했다. 이때 그는 카네기의 이 한마디에 계약서에 서명을 했다고 한다.

"우리가 함께 만들 회사의 이름은 '조지 풀먼 객차 회사'로 합시다."

지인과 동료의 이름을 외우고, 그 이름을 드높여 주는 것이야말로 카네기가 최고 갑부가 될 수 있었던 가장 큰 비결이었다.

사람은 사소한 것 하나에 움직이는 존재다

나이를 먹을수록 느끼는 것이지만 사람을 움직이게 하는 건 별것도 아닌 사소한 것이 동인인 경우가 많다. 하지만 그 사소한 차이 하나가 상상도 못할 결과물로 돌아온다는 것을 사람들은 모른다.

2~3세기 전의 부자들은 자신의 이름에 헌정된 작품을 남기기 위해 수많은 작가들을 후원하며 보살폈다. 지금 우리가 세계 곳곳의 박물관에서 수많은 예술품들을 볼 수 있는

것은 자신의 이름을 후대에 남기려던 사람들의 욕구 덕이다. 누군가에게 기억되고 인정받는다는 것은 그만큼 인간이 가진 가장 기본적인 욕망인지 모른다.

그래서 나는 사람들을 처음 만날 때면, 받은 명함에 그 사람의 특징과 취향, 선호하는 것 등을 꼼꼼히 기록한다. 그리고 반드시 'ㅇㅇㅇ님, 만나 뵙게 되어 즐거웠습니다' 하고 인사 문자를 보낸다. 내가 당신을 기억한다는 것, 당신의 존재가 내게 유의미하다는 걸 전하기 위해서다. 그렇게 함으로써 나 역시 상대의 이름을 내 머릿속에 다시 한번 새기고 기억한다.

태어날 때부터 이름을 불러온 가족이나 친구 말고 내가 기억하는 이름이 몇이나 되는가. 누군가 만나 얘기하고 나서도 돌아서면 이름은커녕 얼굴조차 기억 못하는 경우가 태반일 게다. 이름을 기억 못하면 결국 존재도 잊어버리게 된다.

내가 상대를 잊으면 그 역시 나라는 존재를 잊게 되는 게 당연지사다. 내 세계를 확장하고 싶다면, 많은 우군을 만들어 상생하고 싶다면 기억해야 한다.

다른 사람 입에서 나오는 말 중 자신의 이름만큼 달콤하고 중요한 말은 없다는 것을.

#너의이름을불렀더니나의꽃이되었다

내가 내뱉는 말을 다시 보자

 많은 심리학자들이 말한다. 미래에 대한 기대감, 건설적인 사고, 낙천적이고 긍정적인 마음가짐이 우리 삶을 유쾌하고 행복하게 만든다고. 우리가 인생을 살면서 겪게 되는 문제들을 여유 있게 자신감을 갖고 대할 수 있다면 실패를 승리로, 약점을 훌륭한 강점으로 만들 수 있다고 말이다. 이렇게 되려면 당연히 나쁜 습관과 열등감, 울적한 기분을 스스로 해결하려는 노력을 일상에서 실천해야 한다.
 여러 가지 방법이 있겠지만 내가 늘 머릿속에 담고 실천하려고 노력하는 것은 하나다. 어렵거나 복잡하지 않다. 그저

'내가 내뱉는 말에 주의하자'는 것이다.

말은 잠재의식에 뿌리를 내려 내가 알지 못하는 사이에 나를 지배하고 보이지 않는 작용을 하고 있기 때문이다. 파울로 코엘료(Paulo Coelho)의 『연금술사』를 유명하게 만든 문구는 '무언가를 간절히 원하면 그것이 잠재의식에까지 영향을 미쳐 온 우주가 도와 준다는 것'이다. 말은 씨가 되고 잠재의식으로 뿌리를 내려 우주까지 흔드는 막강한 힘을 갖고 있다.

심리치료사이자 경영 트레이너인 헬무트 푹스(Fuchs, Helmut)는 "사람이 하는 말은 그 사람의 내적 상태에 대한 정보를 줌과 동시에 내적 감정에 영향을 미친다"라고 했다. 말이 사람의 내적 상태를 표현하는 도구이니만큼 피곤할 때 피곤하다고 말하는 건 당연하지만, 이때 일부러라도 "괜찮아" "아주 좋아!" "파이팅"이라고 외친다면 의식하지 못하는 사이 등이 펴지고 뱃속 아래로 깊은숨이 들어가면서 기분이 한 단계 상승한다는 것이다.

대빗자루로 쓸어내듯

그래서 나는 어떤 상황에 놓이더라도 되도록 부정적인 단어는 입에 올리지 않으려고 노력한다. 특히 신경 쓰는 말이 '스트레스'다. 스트레스 없이 사는 사람이 어디 있을까마는 직업 특성상 특히 기자들은 스트레스라는 단어를 입에 달고 산다. 하루 중 가장 많이 하는 말이 "스트레스받아 죽겠어"라고 해도 과언이 아닐 정도다.

그런데 그렇게 입에 달고 사는 스트레스가 실제로 죽음을 부르기도 한다. 정치부에 근무하던 한 선배가 지금 내 나이에 세상을 떠났는데, 사인은 스트레스로 인한 위암이었다. 예민하고 완벽주의적인 성격 탓에 마지막까지 일에 대한 스트레스를 받아안고 힘들어하던 그를 떠올리면 지금도 마음이 아프다.

스트레스 없이 살기란 사실 불가능하다. 내가 하고 싶은 말은 다만 받지 않아도 될 스트레스는 좀 피해 보자는 거다. 그리고 이미 닥친 스트레스에는 더 이상 매몰되지 않고 빨리 빠져나오도록 비책을 마련하는 것이 현명하다.

그래서 가장 중요한 것이 말 습관이다. 나 역시 완벽하게 스트레스를 차단하고 산다고는 말할 수 없지만 힘이 들거나 짜증이 밀려오면 일단 숨부터 크게 고른다.

그리고 머릿속에 스멀스멀 기어들어오려는 '힘들다' '미치겠다' '스트레스' 같은 말들을 의식적으로 피하려고 노력한다. 마치 대빗자루로 마당 쓸어내듯 싹싹 몰아내는 모습을 떠올린다. 대신 '파이팅' '잘하고 있어' '고지가 보여!' '다 왔어'처럼 나 스스로 힘을 북돋울 수 있는 말들로 채운다.

일부러 입 밖으로 원하는 결과의 말을 던져 보기도 한다. "완벽해" "100점" "멋져" "최고야".

입으로 피곤할 거라는 말을 내뱉는 순간 우리 몸은 곧장 그 말대로 변할 준비를 한다. 긴장을 느끼고 소화가 안 되고 갑자기 두통이 오는 식이다. 배가 아프다고 말하는 순간 정말 배가 사르르 아프고 감기 몸살인 것 같다고 하는 순간 목소리가 가라앉는 것 같다.

내가 한 말을 통해 우리 뇌는 앞으로 있을 변화를 감지하고, 그럼으로써 몸의 현실을 앞당겨 버리는 것이다. 결국 앞으로 닥칠 일 자체가 아니라 그 스트레스에 대한 예상이 나 자신을 괴롭히는 것과 마찬가지다.

어떤 일이 스트레스로 느껴진다면 그 일을 스트레스 상황이 아닌, 나를 다른 사람들에게 보여 줄 수 있는 흥미로운 도전이라고 얘기한다면 어떨까?

"까짓것 한번 해 보지 뭐. 언제 또 이런 기회가 오겠어?" 하며 말이다. 최소한 두통에 시달리거나 우울감에 사로잡히게 되지는 않을 것이다.

이미 2000년 전에 스토아 철학에서는 '세상이 나쁜 것이 아니라 우리가 세상을 바라보는 방식이 나쁠 뿐'이라고 했다.

어떤 배경도 없이 회사원으로 시작해 최고경영자의 자리에 올라선 CEO들의 공통적인 특징은 결코 부정적이지 않다는 점이다. 그들은 하나같이 "위기는 기회"라는 말을 강조해 왔다. 어떤 오너를 만나건 전문 경영인을 만나건 "힘이 들지만 위기와 기회는 항상 함께 있고 기회를 찾아 발전시키는 것이 우리의 일"이라고 입을 맞춘 것 마냥 같은 말을 했다. 둘러싼 경영 환경과 조건은 언제나 변하고 악화되며 모든 것이 위기로 작용하고 있다.

스트레스 지수만 놓고 보자면 그야말로 하늘을 찌를 태세다. 그들이 평범한 사람들과 다른 가장 큰 차이점은 주어진 환경을 받아들이는 자세일 것이다. 매사 부정적인 말을 써버릇하면 기회도 사라진다. 반대로 좋은 말, 에너지가 넘치는 말은 스스로 기회를 찾아 움직이게 한다.

"아 스트레스받아"라는 말을 할 때 거울을 보자. 웃으면서 스트레스를 말하지는 않을 거다. 그 말 자체로 노화가 촉진되고 내게 찾아온 행운의 신은 뒤로 멀찍이 달아난다.

부정적인 단어를 쓰지 않기 시작하면 더 매력적인 나를 발견하게 될 것이다. 스트레스받아 매일 밤 술을 퍼붓거나 야식이 당겨 '스트레스를 먹는' 일도 줄어들 테니, 자연스럽게 피부도 좋아질 것이다.

　무엇보다 예쁜 말을 하려고 노력하는 나는 어느 순간 주변으로부터 많은 사랑을 받고 있는 사람이 되어 있을지 모른다. 표정부터 미소가 넘칠 테니까.

**#세상이나쁜것이아니라
우리가세상을바라보는방식이나쁠뿐이다**

말 한마디로
제갈공명을 만드는 법

모든 사람이 그렇겠지만 내게도 서툴고 어설픈 시절이 있었다. 평기자 시절 나는 의욕은 넘치는 반면 일을 매듭짓는 노하우가 부족해 윗사람에게 타박을 듣기 일쑤였다. 에너지는 넘쳤지만 헛발질이 계속되니 자신감이 떨어졌고, 급기야 그냥 시키는 일이나 잘하자고 체념하기에 이르렀다.

그러던 차에 팀장이 새로 부임했다. 그런데 신기하게도 그 팀장은 내가 어떤 아이디어를 내놓든 일단 고개를 끄덕이며 이렇게 말했다.

"야, 그거 좋다. 한 번 해 봐."

예상치 못한 호응에 신이 난 나는 시키지도 않은 자료조사에 이중 취재까지 진심을 다해 전력질주했다. 격려의 말 한마디가 마치 마중물처럼 내 안의 가능성을 일깨웠다고 할까. 노력은 배신하지 않는다고, 시도하고 또 시도하는 과정에서 스스로에 대한 믿음은 성큼 자랐고 성과도 꽤나 성공적이었다.

그런데 어느 날인가 팀장이 또 내게 이렇게 말했다.

"너는 촉이 좋은 것 같다. 앞으로는 네 촉을 십분 활용해 봐."

그때까지 나는 스스로 남다른 '감'이 있다거나 통찰력이 뛰어나다는 생각을 단 한 번도 하지 못했다. 그랬던 내게 '촉이 좋다'라는 말은 가슴속 깊이 박혔고, 스스로를 '촉 좋은 여자'로 인식하게 되었다.

재미있는 것은 기자 생활 어언 20여 년이 된 지금, 나는 사람들에게 '촉심(촉에 내 성을 붙인 별명)', '촉 대마왕'으로 불린다는 것이다.

돌이켜 보면 20여 년에 걸쳐 기자 노릇을 하는 동안 그때만큼 원 없이 일해 본 적이 없다. 그만큼 고된 나날이었지만 즐거움도 못지않았다. 미처 몰랐던 내 재능을 깨닫고 그것을 발현해가는 기쁨은 경험해 보지 않은 사람은 모른다.

그런데 과연 그것이 오직 내 노력만으로 가능했을까. 시간이 한참 지난 뒤에야 깨달았지만 내가 스스로를 믿고 자신

있게 첫 발을 딛게 된 것은 "해 봐" "널 믿는다" "촉이 좋다" 처럼 내 안의 가능성을 구체적으로 명명해 준 말들 때문이었다.

어느 날인가 하루 종일 시리즈 기사를 기획하고 취재하고 돌아와 또다시 그 다음날 써야 할 기사 아이템을 찾고 있는 나를 발견하며 문득 이런 생각이 들었다.

'아, 내가 유비를 만났구나. 이 분이 나를 제갈공명으로 키우는구나.'

삼국지에 등장하는 수많은 영웅호걸 중 유비의 존재감은 남다르다. 사실 유비는 비상한 책략을 낼 만큼 머리가 뛰어나지도 않았고, 타고나길 저질체력인 탓에 전장에 나가 제대로 싸우지도 못했다. 하지만 그에겐 삼국지 속의 그 어떤 책사나 용장도 당해낼 수 없는 능력이 있었으니, 이른바 '사람 사용법'이다. 성질 더럽기로 둘째가라면 서러울 장비와 쉽게 마음을 내주지 않는 까다로운 관우를 아우르는 한편 대륙 각지의 인재를 발굴하고 그들의 숨은 능력을 극대화했다.

대표적인 예가 삼고초려의 일화를 남긴 제갈공명이다. 당시 제갈공명은 스물일곱의 신출내기 책사였다. 하지만 그의 잠재력을 알아본 유비는 자기보다 스무 살이나 어린 제갈공명을 '스승'이라 칭하며 함께하는 내내 능력을 마음껏 펼칠 장을 마련해 주었다. 행여 그가 잘못된 의견을 피력하더라도 제지하기보단 스스로 깨달을 때까지 침묵을 지켰다. 그런 무한 신뢰를 받은 제갈공명은 어느 순간 천하를 호령할 책략을 쏟아내는 최고의 지략가로 거듭났다.

유비가 없었더라면 우리가 아는 제갈공명은 존재하지 않았을지 모른다. 상대의 가능성과 가치를 알아 보고, 오직 격려와 지지의 말을 통해 더 큰 인물로 성장시켰으니 진정 고수의 일면이 아닐 수 없다.

구체적인 말로 좋은 피드백을 주는 일

독일 프리드리히 실러 예나 대학 연구자들의 연구 결과에 따르면, 애정 어린 긍정적인 표현은 뇌의 전전두엽 피질을 활성화한다고 한다. 전전두엽 피질은 자아상 형성과 정서적 의사 결정을 주관하는 부분이다. 다시 말해 따뜻하고 긍정적인 말은 자존감을 키우고 더 나은 정서적 결정을 할 수 있도록 도와 준다는 것이다.

"말이 무슨 소용이야" "그래봤자 말인데 뭘"이라고들 하지만 말은 행동만큼이나 중요하고 우리 삶에 결정적인 영향을 미친다. 말로 입은 상처가 평생 가듯, 말로 인한 동기부여가 숨은 잠재력을 일깨워 엄청난 성장을 이루게도 한다.

빌 게이츠(Bill Gates)는 "우리 모두는 좋은 피드백을 줄 사람이 필요하다. 그것이 우리가 더 발전할 수 있는 방법"이라고 말하기도 했다.

그래서 나는 누구를 만나든 그가 가진 좋은 점, 숨은 재능을 찾아내고 이를 구체적인 말로 전하려고 노력한다. 상대가 깨닫지 못한 장점을 말로 일깨워 주는 순간, 무한대의 성장 가능성이 열리기 때문이다. 공적인 관계든 사적인 관계든 상관없이 내 곁의 사람들이 내 말에 자극을 받아 성장하는 것을 지켜 보는 일이란 꽤나 즐겁다. 또한 그것은 현실적으로도 내게 도움이 된다. 나와 함께하는 사람들이 제갈공명처럼 성장한다면 그 수혜자는 다름 아닌 내가 되지 않겠는가.

#말한마디로사람을얻는다진짜

시 쓰듯 말하라

　새벽 6시 반 회사에서 주관하는 행사에 진이 빠지던 차, 문자 한 통에 비타민을 먹은 것처럼 기운이 났다. K뷰티의 대표주자로 불리는 L뷰티살롱 K대표에게 온 문자였다. 새벽에 급한 일이 생겨 행사에 늦게 도착할 것 같다는 이야기를 너무나 예쁘게 전하고 있었다.

　워낙 바쁜 사람이라는 걸 알기에 '힘들면 꼭 오시지 않아도 괜찮다'고 답신을 보냈더니 '싫어요. 부장님만 보면 돼요. 뒤에서 조용히 있을 게요'라는 아이가 말하듯 귀여운 회신이 또 온다. 결국 그는 행사가 거의 끝날 즈음 도착해 행사장 뒤편에 서 있다 갔다. 기껏해야 행사장에 머문 시간은 30분 남짓. 그렇게 와 준 것만으로도 고마운 노릇인데 저녁에 그에게서 또 연락이 왔다. 얼굴을 직접 보고 인사까지 나눴는데도 오늘 늦게 가서 정말 미안하다고, 너무 미안해서 밥을 사야겠다고 재차 말하는 것이었다. 초대를 받고도 연락 없이 불참한 사람이 없지 않은데, 조금 늦긴 했지만 직접 운전대를 잡고 그 새벽에 1시간 남짓한 거리를 마다 않고 달려와 준 성의에 오히려 내가 미안한 마당이었다. 통화를 마친 뒤 오늘 하루만 그와 주고받은 여러 통의 문자 메시지를 다시 보며 밥은 내가 사야겠다는 마음이 들었다.

서로 너무 바빠 1년에 한두 번 볼까 말까 하는 사이지만 그는 한 번 연락을 할 때마다 마치 오늘이 마지막인 듯 정성을 다한다. 도자기 빚듯 고르고 고른 예쁜 말들이 적힌 메시지 창을 보고 있으면 마치 꽃밭에 들어선 기분이 들 정도다. 그를 처음 본 사람은 가식이 아니냐며 심지어 오해하기도 한단다. 하지만 내가 아는 그는 만나는 누구에게나 한결같다. 가진 게 많아지면 말 습관부터 달라지게 마련인데 지위고하를 막론하고 온 마음을 담아 고운 말을 전하는 그를 대할 때면, 아무 배경 없이 열아홉 어린 나이에 맨손으로 뷰티업계에 뛰어들어 어떻게 지금의 자리에 오를 수 있었는지 짐작이 간다.

생각이 예쁘지 않으면 말도 예쁠 수 없다. 반대로 말을 예쁘게 하면 생각도 곱고 아름다워진다. 그는 예쁜 말을 하는 만큼이나 생각도 바른 사람이다. 견습생 시절 손님 머리를 감겨 주는 일을 할 때도 한 사람 한 사람에게 정성을 다했단다. 손가락 관절이 상할 만큼 공들여 머리를 감기면서 그 짧은 시간이 잠시라도 휴식이 되도록 힘이 되는 고운 말을 전했다. 손님과 둘뿐인 공간에서 알아주는 이 하나 없는데도 정성을 다하는 모습이 입소문이 났고, 이를 눈여겨 본 원장이 다른 경력자들을 제치고 조수로 발탁했다. 벌써 30여 년 전의 일이지만 지금까지도 그의 태도는 변하지 않았다. 뷰티업계의 인재사관학교라 불릴 만큼 많은 후배들을 키우고 있는 그가 늘 강조하는 것은 실력과 함께 인성을 갖춰야 한다는 것이다. 기술뿐 아니라 정중한 태도와 예의가 포함된 130개 항목의 까다로운 교육 매뉴얼이 이를 대변한다.

'고맙다 미안하다 사랑한다'란 말의 힘

몇 해 전 우연히 흥미로운 방송 프로그램을 본 적이 있다. 제작진은 연세대 연구팀과 함께 가족 간의 갈등으로 불행한 사람을 모집해 일명 'TSL(Thank Sorry Love) 프로그램'을 시행했다. '고맙습니다' '미안합니다' '사랑합니다'라는 말을 5주간에 걸쳐 의식적으로 사용하게 하고 신체적, 정신적 변화를 측정하는 것이었다. 5주가 지났을 때 가족 간의 의사소통이 긍정적으로 변한 것은 물론 스트레스와 우울감이 낮아지고, 배려의 호르몬인 옥시토신과 인내심의 호르몬인 가바가 늘어났다. 실험을 진두지휘한 김재엽 교수에 따르면 이런 효과는 비단 가족뿐 아니라 직장인, 중년 여성, 청소년들에게도 동일하게 나타난다고 한다.

  단 몇 주간 감사와 사랑을 전하는 것만으로도 말하는 당사자에게 이런 긍정적인 효과가 나타났다는 말인데, 만일 이것이 평생의 습관으로 자리한다면 그 효과는 어떨까. 좋은 말로 인해 내 안의 배려와 인내심이 커진다면 자연히 좋은 인간관계를 맺을 수밖에 없고 내 안의 자존감도 향상될 것이다. 사람에 대한 이해의 폭도 넓어질 것이고 세상을 관대한 마음으로 바라볼 줄도 알게 될 것이다. 내가 가진 것에 감사하며 더 나은 내일을 위해 용기 낼 마음도 생길 것이다.

  꽃에 향기가 있듯 말에도 향기가 있다. 향기가 꽃의 본질을 드러내듯 어떤 이의 본질은 그 사람이 쓰는 언어로 알 수 있다.

  파트리크 쥐스킨트(Patrick Süskind)는 향기를 다룬 소설 『향수』에서 이렇게 말했다.

"인간의 가슴속으로 들어간 냄새는 그곳에서 관심과 무시, 혐오와 애착, 사랑과 증오의 범주에 따라 분류된다. 냄새를 지배하는 자, 그가 인간의 마음도 지배하게 되는 것이다."

쥐스킨트는 존재하는 모든 것의 본질을 향기로 표현했지만 우리 삶에서 이것은 '말'과 다르지 않다. 어느 시구처럼 '그 주인의 얼굴은 잊었어도 죽지 않고 살아서 나와 함께 머무는 것'이 바로 말이다. 말 한 마디, 문자 한 통을 전하더라도 사랑하는 마음으로 따뜻한 관심으로 응원해 주는 사람은 분명 기억에서 지워지기 어려울 것이다.

오늘 하루, 누군가의 기억에 고이 남을 곱고 아름다운 말을 전해 보면 어떨까.

#언어에도향기가있다

내가 회사에서
화내지 않는 이유

　그리스 신화에 등장하는 시시포스(Sisyphus)는 신의 노여움을 산 큰 바위를 끊임없이 산꼭대기로 밀어 올려야 하는 형벌을 받은 인물이다. 죽을힘을 다해 정상까지 옮겨놔도 바위는 바닥으로 굴러떨어지고 시시포스는 다시 바위를 올려놓기 위해 지친 몸을 이끌고 산 아래로 걸어 내려온다. 숨이 붙어있는 한 무용한 노동을 계속해야 한다니 정말 기가 찰 노릇이다.
　그런데 어느 순간부터 나는 우리 인생도 별반 다르지 않다는 생각이 든다. 돌이 떨어질 줄 알면서도 정상까지 오르내리기를 멈추지 못하는 시시포스처럼, 우리 역시 각자 주어진 짐을 이고 쉽지 않은 일상을 반복해 살아내야 한다. 매일매일 등산하듯 말이다.

어릴 땐 그런 줄도 모르고 매일을 전력질주하며 살았다. 하루에도 수많은 사람을 상대해야 하는 직업에다 오지랖 넓은 성격 탓에 늦은 오후가 되면 거의 탈진할 지경이었다. 때때로 멈춰서 나를 돌아볼 시간도 없고, 그럴 여력도 없었다.

하지만 이제는 아니다. 물리학의 에너지보존법칙이 인생에도 적용된다는 걸 뒤늦게 깨달은 것이다. 삶을 살아가는 데 필요한 에너지 총량은 변하지 않기 때문에 쓸데없는 일에 힘을 낭비하면 정작 에너지가 필요한 순간에 꼼짝달싹할 수 없게 되고 만다.

그래서 나는 아침에 눈을 뜨면 오늘 하루 등산길을 떠올리며 어느 구간에서 얼마만큼 힘을 쓸지 가늠하고, 거기에 맞춰 에너지를 배분한다. 여기에는 나 자신에 대한 투자도 포함된다. 나를 아끼고 돌보는 데도 적지 않은 시간과 에너지가 소모되기 때문이다. 그러려면 절대 사소한 것에 목숨을 걸어서는 안 된다. 특히 중요하게 생각하는 것이 바로 분노 조절이다.

한번은 신문사 데스크 회의에서 후배 기자의 잘못된 기사로 추궁을 들었다. 설왕설래 끝에 기사를 수정하는 것으로 귀결되었고, 회의를 마친 나는 조용히 후배를 불러 일처리를 마무리했다. 그런 나를 본 옆 부서 동료의 한마디.

"나 같으면 한바탕 꾸지람을 할 텐데, 화도 안 나나 봐."

의아한 눈으로 나를 쳐다보는 그에게 답했다.

"이미 끝난 일을 가지고 화를 내 봤자 내 에너지만 축나잖아요. 화내지 않고도 충분히 알아듣게 설명할 수 있는데, 왜 아깝게 힘을 빼요."

부처는 "화를 끌어안고 있는 것은 누군가에게 던지려고 뜨거운 석탄을 손에 쥐고 있는 것과 같다"라고 했다. 결국 손을 데는 건 자기라는 얘기다.

한때 나도 순간적으로 끓어오르는 분노를 주체하지 못하곤 했다. 신입기자 시절엔 온갖 사회 부조리를 직접 목격하며 마치 내가 사회운동가라도 되는 양 전투태세로 일상을 살았고, 약한 이를 대변해 글을 무기 삼아 싸우는 것이 소명이라고 생각했다. 그러나 실제로 겪어 보니 화를 내서 풀리는 일은 많지 않았다. 시간이 지날수록 성급한 분노 표출이 상대로 하여금 마음의 빗장을 닫아 버리도록 하는 것은 물론 내 입에서 떠난 화가 부메랑처럼 돌아와 나를 다치게 한다는 걸 깨닫게 됐다.

실제로 심하게 화를 내는 사람의 신체는 권투선수에게 강펀치를 얻어맞은 정도의 타격을 입는다고 한다. 분노에 찬

욕설이 뇌 기능을 떨어뜨린다는 연구 결과도 속속 발표되고 있다. 오죽하면 화병(火病)이라는 말이 국어사전에도 등재돼 있을까. 맞바람에 던진 흙이 나를 더럽히듯 화를 내는 것은 남을 해치기 전에 나를 다치게 한다는 것을 알아야 한다.

'일단 스톱'을 권한다

그렇다고 무조건 참거나 삭히라는 얘기는 아니다. 가슴에 삭혀 두고 병이 될 바에야 표출하는 게 낫다. 다만 가장 현명한 방법은 사전 예방이라는 거다. 내 경험상 몸이 피곤하면 짜증이 나 화가 옵션으로 따라온다. 걸어 다니는 화약고가 되지 않기 위해 나는 평상시 좋은 컨디션을 유지하기 위해 노력한다. 평소 불쑥불쑥 화가 자주 치밀어 오른다면 먼저 내 건강 상태를 돌아 보는 것은 어떨까. 요가나 명상도 좋다. 분노 조절은 물론 건강한 몸매까지 갖게 되니 일거양득이다.

또 화를 내면 손해 보는 경우도 생긴다. 일단 다툼이 생겨 내가 원하는 협상에서 밀릴 수 있고 에너지가 손실돼 신체적으로 피로해진다.

그럼에도 불구하고 참기 어려운 상황을 만난다면 '일단

스톱'을 권한다. 잠시 자리만 피해도 100까지 꽉 차 있던 화가 70~80으로 떨어진다. 그리고 그 틈을 타 잠깐 계산해 보자. 정제되지 않은 거친 분노를 쏟아낸 후의 득실을.

나는 일단 숨을 고르기 위해 화장실로 피신한다. 화장실에 휴지를 돌돌 말아 변기에 떠내 보내며 분노를 떠내려 보내는 상상도 동시에 한다. 아예 밖으로 나가 맑은 공기를 쐬고 오기도 하고, 평소 좋아하던 카페에서 '플랫 화이트 아이스'를 시켜 한숨에 들이켜고 나면 화가 가라앉는다.

어느 순간에도 잊지 말아야 할 것은 인생은 정말 짧고, 나를 가꾸고 돌보는 데도 시간이 부족하다는 것이다. 그런 귀한 시간을 타인이나 외부 상황에 휘둘려 진을 빼는 데 써서야 되겠는가.

#화내면이겨도지는거다

남에게 하지 못할 말은
나에게도 하지 말자

　오래전 재미 삼아 친구와 함께 타로카드 점을 본 적 있다. 두 번 봤는데 희한하게 두 번 모두 자신감이 부족하다는 의미가 담긴 카드를 뽑았다. 자존감이나 자기애만큼은 누구보다 강하다고 자부하던 터라 그냥 웃고 넘기려는데, 함께한 친구가 대뜸 이렇게 말하는 거였다.
　"나는 이해가 가는데? 가끔 너는 지나치리만큼 스스로를 깎아내리는 경향이 있어. 겸손도 지나치면 병이야."
　생각지도 못한 말을 들은 나는 진지하게 생각했다. 내가 나 자신을 어떻게 표현하고 있는지, 진정 스스로를 자랑스럽게 여기고 있는지 말이다. 찬찬히 되짚어 보니 실제로 나는 평소 나 자신을 표현할 때 '내가 부족해서' '나는 똑똑하지 않아서' '내가 없이 자라서' 등 자기 비하적인 말을 서슴지 않고 내뱉고 있었다.

나름 원인 분석을 해본 결과, 그것은 내 성장 과정과 관련이 있었다. 장녀인 내게 기대치가 높았던 어머니는 내가 하는 모든 것을 흡족해하지 않으셨다. 험한 세상에서 살아남으려면 엄한 훈육이 필요하다고 믿으셨는지 당신 생각에 부족하다 싶으면 "옆집 아이는 잘 하는데 왜 너는 못하니" "갈수록 왜 그 모양이니"라며 야단을 치곤하셨다. 행여 밖에서 칭찬이라도 들은 날이면 "다 믿어서는 안 된다. 모두 네 앞이니 하는 소리"라며 붕 뜬 내 마음을 가라앉히기 일쑤였다.

덕분에 나는 작은 성공에 자만하지 않고 스스로를 객관적으로 직시할 수 있는 눈을 갖게 됐지만, 역으로 내 무의식 어딘가 스스로를 폄하하는 관념 또한 자리 잡았던 것 같다. 겸손도 지나치면 병이라는 말을 들을 만큼 부지불식간에 스스로를 깎아내리는 말을 습관처럼 던지고 있었던 것이다.

'말이 씨가 된다'는 속담이 있다. 한 정신과 전문의 말로는 불면증 때문에 내원하는 사람 중 상당수가 진단을 받기도 전에 스스로를 '잠을 못 자는 사람'으로 규정해 버리고는 당장 오늘 밤은 어떻게 자나 걱정을 한다고 한다. 그런데 그

불면에 대한 걱정이 실제로 자율신경계를 자극해 정말 잠을 못 이루는 경우가 많다는 것이다. 농담으로라도 걱정거리나 거친 말들을 입에 올리지 말라는 것이 괜한 말이 아니다. 이왕 하는 말이면 일부러라도 좋은 말, 긍정적인 말을 해버릇 해야 하지 않을까.

"나 쫌 멋진 사람이야"

말에 대해 자각하게 된 후 한 가지 결심한 것이 있다. '남에게 하지 못할 험한 말은 나 자신에게도 하지 말자'는 것이다. 겸손이라는 미명 하에 내 그릇을 애써 작게 보이려 하던 습관도 거둬들였다. 대신 의도적으로 나 자신에게 '예쁜 말'을 건네기 시작했다. 아침에 눈을 뜨자마자 거울을 보며 스스로 간지럽더라도 "퍼펙트!(Perfect)" 하고 소리 내 말했고, 어떤 사안에 대해 스스로 만족하지 못할 때도 "못했다"라고 자책하기보다 "괜찮아. 잘했어. 굿 잡(Good job). 다음에 더 잘할 거야"라며 스스로를 응원했다.

신기한 것은 거울을 볼 때마다 예쁘다고 입버릇처럼 말했더니 어느 순간 정말 내 눈에 내가 괜찮아 보이기 시작했다는 것이다. 그러면서 점차 "나 오늘 이거 잘 어울리지?" "오늘따라 나 좋아 보이지 않니"라는 농담 섞인 물음도 스스럼없이 던질 수 있었고, 상대가 예의상으로라도 "괜찮아요" "멋져요"라고 말해 주면 기분 좋게 '믿어 버렸다'.

내 안에 잠재된 긍정 에너지가 팝콘처럼 튀겨져 나오는 느낌이랄까. 한편으론 그동안 왜 스스로에게 좋은 말을 건네지 못했는지 아쉽기도 했다. 그렇지 않아도 온갖 거친 말들을 듣고 살아야 하는 세상에서 나마저 내게 모진 말을 하고 살았으니 내 안에 긍정 에너지가 남아날 리 있었겠는가.

전 직장 입사 동기인 A는 스스로에 대해 항상 '예쁘고 똑똑하고 이지적이며 매력 있다'고 말하곤 했다. 평소 자기 자신을 예쁘다고 생각하는 것은 물론 아주 대놓고 표현했기 때문에 주변 사람 모두 정말 그녀를 예쁘다고 여겼다. 그러나 나름 객관적인 눈을 갖고 있다고 자부하는 내게 A는 그녀 자신과 주변 사람들이 인식하는 것처럼 뛰어난 인물은 아니었다. 정말 A가 예뻐서 사람들이 그렇게 생각하는 것인지 의문이 든 나는 A를 처음 보게 된 친구 B에게 그녀의 외모에 대해 물었다. B는 이렇게 말했다.

"A는 좀 특이하게 생겼는데, 스스로 예쁘다고 생각하면서 행동과 말도 그렇게 하니 정말 그렇게 보여."

A가 자신을 예쁘다고 믿고 습관적으로 스스로와 타인들에게 주입하니 정말 주변 사람들이 그녀가 그렇다고 믿게

된 것이다.

생각해 보면 학창 시절에 그다지 예뻐 보이지 않는 친구를 보고 예쁘다고 하는 경우가 많았는데, 그 이유를 떠올리니 그들은 공통적으로 자신을 예쁘다고 생각했던 것 같다. 또 볼이 항상 사과처럼 빨간 친구가 있었는데 스스로를 귀엽다고 표현하다 보니 주변 친구들은 그녀를 '볼 빨간 귀요미'라며 아껴 주었다. 나라면 아마 적지 않은 콤플렉스에 시달리며 고개 숙인 채 살았을 텐데 말이다.

내가 나를 멋있게 보면 남도 나를 멋있게 보는 법이다. 내가 나를 어떻게 보느냐에 따라 나를 바라보는 타인의 시선도 같은 방향으로 형성된다.

생각해 보자. 나조차 나를 곱게 보지 않는데 누가 나를 곱게 볼까. 정말 아름답고 멋지고 매력적이라는 말을 듣고 싶다면 일단 나부터 나를 칭찬해 보는 것은 어떨까. 스스로를 폄하하는 버릇은 개나 줘 버리자.

내게 가장 중요한 사람은 그 누구도 아닌 나 자신. 그 중요한 사람을 왜 그렇게 못살게 굴지 못해 안달인가. 속는 셈 치고 지금부터 거울에 비친 내게 이렇게 말해 본다.

"나 쫌, 내가 생각하는 것보다 훨씬 더 멋진 사람이야."

#멋지다잘했어나는나에게립서비스한다

자기 분야에서 어느 정도 입지를 이룬 전문가들이나
기업의 CEO들을 보면 한결같이 대화를 즐겁게 이끌어가는 재주가 있다.
아는 것도 많고 정보도 넘치는 그들이지만 일방적으로
자기주장을 펼치는 것을 나는 한 번도 본 적이 없다.
또한 재미 삼아 유머를 던지는 속에도 표현이나 어투가 정중하고 예의 바르다.
이야기를 듣고 있는 자체만으로 내가 존중받고 있다는
느낌이 들어 호감이 배가 된다.
그들이라고 말하고 싶은 욕구가 없을까? 하지만 그들은 아는 것이다.
일방적으로 자신의 말을 늘어놓는다 한들
그것이 상대에게 제대로 가닿지 않을뿐더러,
내 눈앞의 상대는 결국 자신이 듣고 싶은 말을 골라 듣는다는 것을 말이다.

[3장]

비즈니스와 관계가 풀리는 '이기는 양보의 대화' 10

[1]
"할 거야"가 아닌
"하고 있다"라고 말한다

    길을 가야 그다음 길이 보인다. 시작을 하면 방법이 나온다. 시작이 반이라는 게 맞다. 혹 나머지는 2분의 1이 아니라 4분의 1, 8분의 1일 수도 있다. 일단 가라. 담대하게 떠나라.

    3년 전 대학원 공부를 시작했다. 기자 경력이 쌓일수록 그간 체득한 현장 경험과 지식을 좀 더 체계화시키고 싶다는 생각이 커졌는데, 차일피일 미루다가 마흔을 넘기고 나서야 결심을 굳힌 거다. 하지만 등록 마감일 일주일 전까지 마음이 갈팡질팡했다. 2주에 한 번은 자정까지 야근을 해야 하는 데다 직업 특성상 언제 무슨 일이 터질지 모르는 긴장감을 항시 달고 살아야 하는데 과연 출석이나 제대로 할 수 있을까. 공부에 손을 놓은 지 어언 15년이 넘었는데 과연 교수님 말씀에 집중은 할 수 있을까. 이 바쁜 와중에 대체 과제할 시간은. 졸업은 제때 가능할까. 심지어 일하고 달려간 어두운 캠퍼스에서 밤 10시까지 버텨 줄 체력은 남아있을까.

그렇게 몇 날 며칠을 고민한 끝에 내린 결론은 '에라 모르겠다, 일단 다니면서 생각하자'는 것이다. 겪어 보지 않은 이상 어떤 상황이 전개될지는 누구도 알 수 없고, 다니다 정 힘들면 휴학하면 된다고 생각했다. 20대처럼 빠릿빠릿하게 머리가 돌아가진 않겠지만, 그래도 내겐 산전수전 다 겪은 노련미가 있지 않은가. 그런 마음으로 일단 시작하고 나니 생각보다 다 넘을 만한 장애물들이었다. 아니, 죽고 사는 문제도 아닌데 벌어지지도 않은 일을 뭘 그렇게 재고 따지며 고민했단 말인가.

대책 없이 일단 시작한 대학원 공부를 중도 포기 없이 쭉 달린 덕분에 2년 반 만에 무사히 마쳤다. 물론 수월했다고는 말할 수 없다. 기자라면 피해 갈 수 없는 당직을 바꾸느라 주변 사람들에게 아쉬운 소리를 달고 사는 것은 기본이고 이른 퇴근에 후배들 눈치도 참 많이 봤다. 과제 준비로 주경야독은 물론이고 귀하게 맞은 주말에도 팔자에 없는 수험생 코스프레를 했다. 시키지도 않은 미친(?) 짓을 왜 시작했을까 스스로에게 화가 치밀어 오른 적도 여러 번이다.

하지만 '이를 악문' 고생 끝에 무사히 공부를 마친 지금, 나는 학위보다 소중한 깨달음을 얻었다. 우리가 삶에서 바라는 모든 꿈과 목표는 결국 마음가짐과 습관에 좌우되며 두려움을 이기고 딱 한 걸음만 내디디면 어제까지 난공불락으로만 보이던 그 어떤 문제도 기실 별게 아닌 게 된다는 사실이다. 너무 당연하지만, 이 당연한 이치를 우리는 까맣게 잊고 산다.

실천이 중요하다는 걸 모르는 사람은 없다. 하지만 대부분 이렇게 말한다. 알지만 하는 게 어렵다고, 여건상 하기 힘들다고.

하지만 가슴에 손을 얹고 곰곰이 생각해 보면 못한다거나 어렵다는 건 사실 그냥 하지 않은 것에 불과하다. 해 보지도 않고 뭘 못했으며 뭐가 또 어렵다는 말인가. 스스로 옭아맨 생각의 족쇄를 풀어 던져야 한다. 오르지 않고서는 정상에 닿을 수 없는데, 단 한 발자국도 떼지 않고 그저 하늘만 바라보고 있는 인생이 답답하지 않은가.

30년 이상 세련된 감각을 유지하며 젊은 친구들 못지않은 창의적인 작품으로 왕성한 활동을 펼치고 있는 카피라이터 J선생은 단 한 번도 마감을 어기지 않고 카피를 내놓는 것으로 유명하다. 아이디어가 고갈될 법도 한데 어떻게 한결같이 좋은 카피를 내놓을 수 있는지에 대해 그는 이렇게 말한다.

"카피라이터 대부분이 반짝이는 아이디어가 나올 때까지 기다린다. 하지만 완벽한 생각이 나오길 기다린다는 건 일하지 않겠다는 것과 마찬가지다. 나는 무조건 새벽 6시면 컴퓨터 앞에 앉는다. 준비가 되든 안 되든, 아이디어가 있든 없든 그냥 쓰고 본다."

아무 단어나 휘갈기고 아무 문장이나 써 내려가다 보면, 뒤죽박죽이던 생각이 정리되고 그러면서 불현듯 아이디어가 떠오르기도 한단다. 끝말잇기를 하듯 끄적거리기를 계속하다 보면 오히려 애초 구상했던 것보다 좋은 글이 나올 때가 많다고. 그의 작업 시간은 오전 6시부터 9시까지 불과 3시간. 그러나 조찬 회의나 강연이 있지 않는 한 단 하루도 빼먹은 적이 없다. 결과물에 대한 부담을 던지고 '그냥 하는' 것이 30년 넘게 카피라이터로 롱런할 수 있었던 비결이라는 것이다.

국내 유명한 명품 브랜드 C대표는 "항상 어려워 보이던 일을 '에라 모르겠다' 시작해 보면 시작이 절반이 아니라 이미 그보다 더 나간 경우가 많았다. 그래서 시작만 하면 그 나머지가 8분의 1, 10분의 1에 불과할 수도 있다. 어떤 때는 이렇게 어려운 줄 알았으면 시작도 하지 않았을 텐데, 모르고 시작해서 거머쥐기 어려운 성취를 맛보는 일도 허다했다"라고 고백했다.

"지금 그냥 하고 있다"

책을 쓰려고 마음먹은 지 5년째, 이렇게 실천의 중요성을 글로 쓰고 있는 곳은 회사도 아니고 집도 아니다. 여전히 '할 거야'와 '하고 있다'의 중간 어딘가에서 헤매고 있는 내 모습을 발견하고 임대한 공유 오피스 공간이다.

책을 쓰지 못할 이유를 대라면 100가지도 넘게 말할 수 있지만, 그 모든 것이 실은 '안 하는 것'의 변명에 지나지 않는다는 걸 인정하고 제대로 몰입하기 위해서 얻은 곳이다. 사실 집필 공간을 마련했다 해도 이곳을 활용할 수 있는 시간은 그리 많지 않다. 출근 전 1~2시간 정도와 야근이나 저녁 약속의 일정 없이 정시에 퇴근한 평일 저녁과 출근하는 주말 새벽 정도다. 하지만 쌈짓돈을 긁어 마련한 비용이 아까워서라도 짬짬이 이곳에서 글을 쓴 결과 어느덧 그간의 경험이 부족하나마 책 한 권 분량으로 모습을 갖추게 되었다.

우리가 무언가를 '안 하는' 이유는 완벽하지 않으면 안 된다는 강박과 상상이 만들어낸 두려움 때문이다. 결국 가장 큰 걸림돌은 나 자신인 셈이다. 현재의 내 모습은 내가 한 것과 하지 않은 것들이 만들어낸 결과이고, 그 모든 것은 오직 내 선택에 기인했다.

하긴 해야겠는데 어떻게 해야 할지 모르겠다고? 그렇다면 당신은 아직도 핑곗거리를 찾고 있는 거다. 원하는 일, 하고 싶은 일을 하는 데 '어떻게'가 필요하진 않다. 밥을 먹고 물을 마시듯 그냥 하는 거다. 그냥, 막, 무조건, 지금 당장.

#그냥하는거다막무조건지금당장

[2]
작은 칭찬이 호감을 이끌어낸다

 전 세계 수천만 독자에게 읽힌 베스트셀러 『정상에서 만납시다』에서는 부자들을 대상으로 한 흥미로운 연구결과 하나를 소개하고 있다. 자수성가한 21~70세의 백만장자 100명을 대상으로 설문조사를 했다. 피조사자들은 연령뿐 아니라 교육 정도나 집안 환경 같은 외부 조건은 물론 성격이나 특색 역시 각양각색이었다. 그런데 무수한 다른 점 중 한 가지 공통점이 있었다. 이들은 모두 상대방 혹은 어떤 상황에서 반드시 좋은 점을 찾아내고야 마는 '훌륭한 발견자'였다는 점이다.

국내 굴지 기업의 럭셔리 마케팅을 컨설팅하고 주요 패션 행사를 기획 총괄하는 기업의 T대표는 "상대가 누구든 어떤 일을 하든 항상 좋은 점을 찾아야 한다. 상대의 좋은 점을 발견하기 위해서는 열심히 찾아볼 도리밖에 없다"라고 말한다. 남에게서 좋은 점을 찾게 되면 당장 그를 대하는 내 마음이 달라지며 그에 따라 상대방 역시 나에 대한 자세가 달라진다는 것이다.

결국 훌륭한 발견자가 된다는 것은 최고의 비즈니스임과 동시에 내 인간성을 은연중에 드러내는 척도가 된다.

그래서 나는 누군가를 만날 때 온 관심을 쏟아 상대에게 집중한다. 관심을 갖고 상대에게 집중하다 보면 외적이든 내적이든 반드시 좋은 점이 눈에 들어오기 마련이다. 특히 선배든 후배든 매일 얼굴을 마주하는 사람에게는 더 그렇다. 아주 사소한 것일지라도 상대의 좋은 점을 찾아내 표현하면 듣는 상대는 물론 내 기분도 덩달아 좋아진다.

자연히 소통이 원활해지고 함께하는 시너지가 최고에 이른다. 인간은 칭찬한 내용에 부합되게 행동하려고 노력하는 경향을 보인다는 피그말리온(Pygmalion)효과는 가까운 사람일수록 더 큰 효과를 발휘하는 것 같다. 그래서 나는 오늘도 내 사람들에게 "당신은 좋은 사람이고, 나는 그런 당신을 믿는다"라고 말한다. 그러면서 나 또한 더 좋은 사람이 되려고 노력하는 것은 당연한 일이다.

후배들의 장점 찾기가 내 장점

기자의 삶은 기자 사회 은어로 '독고다이(스스로 결정해 홀로 일을 처리하는 행위)'지만 자신이 하나의 부서에 속하게 되면서 그 자체로 팀워크를 해야 하는 상황에 자주 놓인다. 예컨대 한 꼭지의 기사를 쓰는 데 있어서 1시간 동안 2~3명이 일사불란하게 자기 분야를 취재해 '토스(Toss)'를 하고 1명이 이를 종합적으로 정리하는 경우가 있다. 또는 서로 분야가 다른 부서원들끼리 하나의 주제를 가지고 각자 자신이 맡은 부분의 기사를 올려놓고 마찬가지로 1~2명이 대표 집필을 하는 식이다.

다른 회사들도 마찬가지겠지만 기자들의 성향과 능력, 성실도, 열정, 의지 등은 각기 다르다. 그러나 특히 기자들은 기자 나름의 자존심과 근성이 있다. 부서를 운영하는 데 있어서 이 각기 다른 똑똑한 기자들의 능력을 밖으로 끄집어내고, 새로운 기사를 계속 발굴하고 특종을 하고 싶은 의지를 북돋아 주고, 어느 부분에서 특화되어 있는 그만의 장점을 어떻게 깨워내느냐에 따라 우리 부서의 지면과 나아가 신문의 지면이 크게 차이가 난다.

내가 후배 기자들의 능력을 끌어내기 위해 수많은 시행착오 끝에 생각해 낸 방법은 바로 후배들의 '장점 찾기'였다. 사실 못하는 것을 추궁하기보다는 잘하는 것을 찾아 북돋워 주는 편이 힘이 덜 든다는 판단하에 찾은 궁여지책이었다. 눈에 불을 켜고 후배들이 가진 좋은 점을 찾은 나는 기회가 닿을 때마다 이렇게 말해주었다.

"너는 사건 기사도 잘 다루지만 인터뷰 기사는 더 잘 쓰는구나. 인터뷰 기사로 눈물 한번 뽑아 봐" "숫자 감각이 탁월하니 분석 기사를 다루면 정말 잘하겠다".

짧은 기간이었지만 후배들의 발전 속도는 놀라웠다. 기대하지도 않던 기사 아이템을 찾아 오는가 하면 보란 듯 시의적절한 기획기사로 다른 부서와의 치열한 경쟁을 뚫고 1면 톱을 차지한 적도 있다. 숫자 감각을 타고난 후배는 숫자로 보여 주는 팩트 기사를 누구보다 잘 발굴하게 됐으며 '너에게는 더 이상 바랄 것이 없다'라고 평가해 준 친구는 그 연차로서는 더할 나위 없이 좋은 기사로 나를 행복하게 해 준다.

미국의 교육학자이자 철학자 존 듀이(John Dewey)는 "인간 본성에 존재하는 가장 강렬한 충동은 인정받는 인물이 되려는 욕구"라고 했다.

그렇다면 상대방이 인정받고 있다는 느낌을 어떻게 줄 수 있을까. 역시 가장 쉽고 즉각적인 방법은 좋은 점을 칭찬하는 것이다. 이제는 너무 들어 지겹지만 정말 칭찬은 고래도 춤추게 한다고 하지 않는가.

다만 여기에도 기술은 있다. 생각하는 그 즉시 칭찬해야 한다. 행동이 아닌 그 사람을 칭찬하는 것이 중요한데, 큰 것보다는 작은 것을, 두루뭉술이 아닌 구체적으로 짚어내어 말해야 한다. 이것이 가능하려면 당연히 상대에 대한 관찰과 관심이 필수다.

세계적인 패션 칼럼니스트 수지 멘키스(Suzy Menkes)는 비즈니스상 첫 만남의 자리에서 상대를 면밀히 관찰한 후 그의 액세서리나 구두, 가방 등 겉으로 드러나는 아이템에 대해 "어머, 이거 재미있네요"라는 탄성을 던진다고 한다. 지금 당장 눈에 보이는 것을 찾아내 한 마디 던지는 것. 처음엔 쑥스러울 수 있다. 하지만 한번 해 보시라. 콕 찍어서 하는 관심 어린 칭찬을 거부하는 상대를 사실 본 적이 거의 없다. 이렇게 하면 상대의 호감을 단번에 훅 끌어낼 수 있을 것이다.

밀레니엄을 맞은 지 벌써 20년이 지났지만 여전히 한국 사회는 이렇게 쉬운 '작은 칭찬'에 참 어색하고 인색하다. 더욱이 조직문화가 가장 보수적이라는 언론사 문화는 솔직히 지금도 내겐 잘 맞지 않는다. 하지만 나는 아랑곳 않고 매일같이 관심의 표현을 남발(?) 한다.

"어머, 오늘 셔츠 색깔 선택이 탁월하시네요."

"선배 구두 스타일 멋있어요. 역시!"

"오늘 뭔가 지적으로 보이는데 안경테가 바뀌었군요."

처음엔 받는 사람이 더 민망해하기도 했다. 그러나 그것도 계속 듣다 보면 익숙해지고 어색하지 않아 서로 콕 찍어 구체적인 칭찬을 주거니 받거니 즐기는 지경에 이른다.

아직까지 나처럼 하는 사람은 많이 보지 못했다. 오히려 그렇기에 효과가 더 클 수도 있겠다는 생각이 든다. 무엇보다 칭찬을 서로 주고받는 과정을 통해 나 자신 또한 더 건강해지고 더 멋있어지려고 노력한다. 남에게 좋은 말을 하면서 성난 표정을 하거나 축 처진 얼굴을 할 수는 없으니 말이다.

#칭찬의진정성은관찰에서나온다

[3]
'플리즈 헬프 미' 전략

 신문기자는 인사발령이 나면 즉시 새 부서로 출근해 출입처를 배정받고 지금까지와는 전혀 다른 새로운 분야의 기사를 쓰게 된다. 해당 분야의 현황이나 주요 이슈를 파악할 겨를도 없이 독자에게 필요한 전문적인 기사를 바로 토해내야 한다.
 오래전 증권부에 발령 났을 때 일이다. 전날까지 스포츠부에서 골프 기사를 쓰다가 다음날 바로 지수가 몇 포인트 올랐네 시황이 어떻네 하는 증권 기사를 쓰려니 너무 막막했다. 하루 만에 모든 걸 숙지해 당장 취재부터 해야 하는데,

주식시장 트렌드는 물론 세상 모르겠는 전문 용어 앞에 정말 울고 싶은 심정이었다.

반쯤 정신이 나간 상태로 맞은 발령 첫날, 결국 나는 안면도 틀 겸 한 증권사의 리서치 센터장에게 인사하러 간 자리에서 솔직하게 고백했다.

"오늘 부서를 옮겼는데, 증권 쪽은 처음입니다. 아무것도 모르는 신참이니 '제발' 저를 좀 가르쳐 주세요."

'제발 도와달라'는 이 말을 들은 그는 갑자기 자리에서 일어나 아무도 들어오지 못하게 하고는 화이트보드에 줄줄이 써 내려가며 기사 쓰는 데 필요한 기본 지식을 하나하나 가르쳐 줬다. 전화도 받지 않고 1:1 열강을 펼친 것이 무려 2시간.

그가 말했다. "대부분 기자들은 새로 출입처를 옮겨도 자존심 때문에 도와달라고 하지 않아요. 솔직하게 잘 모르니 가르쳐달라고 말한 사람은 심 기자가 처음입니다."

한번은 대기업 홍보실에서 근무하는 A부장이 보도자료와 함께 문자 메시지를 보내왔다. 행사에 오너가 직접 등장하는 특별한 사안이라 신문에 잘 게재되었으면 한다는 내용이었다. 그는 "제발요, 소원이에요"라며 이모티콘을 마구 쏘아댔다.

'그래, 소원이라잖아. 저렇게까지 말하는 걸 보니 정말 중요한가 보다.' 마음이 약해졌다. 보도자료를 자세히 들여다 보니 얘깃거리도 없지 않았다. 곧바로 나는 기사 방향을 잡아 상사를 설득하기 시작했다. 결국 크지는 않았지만 지면에 자리 잡았고, 그는 소원을 이뤘다.

'플리즈 헬프 미(Please help me)'.

이 말에 마음이 약해지지 않는 사람들을 사실 못 봤다. 너무 남발해서는 안 되겠지만 진심이 담긴 '도와주세요'에는 이상하게도 사람의 마음을 움직이는 힘이 있다. 생존투쟁이니 약육강식이니 하는 경쟁 논리가 팽배한 세상이지만, 사실 사람은 드러내지 않을 뿐 경쟁만큼이나 공존과 배려의 DNA를 지니고 있다.

적자생존을 주장한 다윈(Charles Robert Darwin)조차 "도덕 본능과 선한 마음이 인간 감정의 토대를 이룬다"라고 말했고, 『선의 탄생』의 저자 대커 켈트너(Dacher Keltner) 버클리대 심리학과 교수는 "인간은 착하게 태어났고, 타고난 선한 본성을 잘 일깨우면 우리가 찾는 행복의 열쇠가 된다"라고 말했다. 결국 도움을 주고받는 건 인간의 본성이고, 주거니 받거니 하는 과정에서 좀 더 나은 인간으로 성장한단 얘기다.

그러나 불행하게도 우리는 누군가에게 도움을 청하는 데 참 서툴다. 도와달라는 말 자체가 스스로를 격하시킨다고 믿거나 혼자 잘 해내는 것이 성숙한 인간의 척도라 여기는 탓이다. 한마디로 '쪽팔려서'다.

하지만 큰 착각이다. 경험상 자신감이 넘치고 주관이 뚜렷한 사람일수록 도와달라는 말을 오히려 잘 쓴다. 이들은 "나는 잘 모른다"라는 말도 잘한다. 어떤 일을 해내는 능력을 나 자신의 가치와 동일시하지 않기 때문에 뭔가 필요한 것이 있을 때 스스럼없이 손 내밀 줄 알고, 또 남의 부탁도 선뜻 들어 준다. 자연히 얻고 배우는 것도 많다. 스스로 성장의 기회를 만들어가는 셈이다.

내 능력이나 성취와 상관없는 나만의 가치가 있다는 걸 믿자. 그리고 내 힘으로 해결할 수 없는 문제를 만났거나 정말 무언가를 얻고 싶을 때는 솔직하게 도와달라고 말해 보자. 자존심 운운할 일도 아니다. 그렇게 해서 무너질 자존심이라면 애초부터 그건 진짜 자존심이 아닌 거다. 진정한 자존심이란 적절히 누군가에게 의지하면서 자기가 원하는 삶을 찾아가는 과정에서 찾아지는 것이다.

그에게 나를 돕는 즐거움을 주자

나는 뭔가 부탁할 일이 있을 때 스스로 이렇게 되뇌곤 한다. '저 사람에게 나를 돕는 즐거움을 주는 것이다.' 뻔뻔해 보일지 몰라도 틀린 말이 아니다. 남을 돕는 순간 뇌 전두엽에서는 애정과 신뢰감을 가져다 주는 호르몬 옥시토신이 분비되어 사회적 유대감과 행복을 느끼게 한다고 한다. 더욱이 사람은 기본적으로 자신에게 도움을 주는 사람에게 호감을 갖지만, 자신이 도움을 줄 수 있는 사람에게도 좋은 느낌을 받는다. 누군가가 자신에게 도움을 요청한다는 것은 그만큼 그 일을 잘한다는 인정을 받는 것이고, 그런 감정을 느끼다 보면 자존감도 높아진다. 즉 도움을 받는 나뿐 아니라 도움을 주는 주체에게도 그 수혜가 돌아가는 셈이다. 누구나 한 번쯤 느껴 보지 않았을까. 대가 없이 남을 도왔을 때 왠지 뿌듯하고 뭔가 스스로 대단한 사람이 된듯한 우쭐한 기분 말이다.

다만 누군가에게 도움을 청할 때는 눈을 마주 보며 솔직한 마음을 전해야 한다. 전화나 메시지로 전하는 도움 요청은 자칫 상대로 하여금 이용당한다는 불쾌감을 불러일으킬 수 있다. 눈을 보면 마음이 흔들린다. 모른다고, 부족하다고 실토하면서 진심으로 당신의 도움이 필요하다고 청하라. 사람들은 완벽하게 갖춘 사람보다 뭔가 불완전하고 부족해 보이는 사람에게 더 편히 다가서는 법이다. 필요할 때 솔직히 도움을 청할 줄 아는 것. 오히려 그것이 나의 인간적 매력이 될 수 있다는 걸 잊지 말자. **#눈을보고말해헬프미**

[4]
"내가 뭘 아나?"
-고개 숙일 줄 아는 저력

　윤흥길의 대표작 『완장』은 어릴 때 읽은 많은 책 중 지금도 종종 떠올리게 되는 소설이다. 서울에서 장사를 하다 망해 귀향한 주인공 임종술은 동네 졸부로부터 저수지 감시원 자리를 제안받는다. '완장 채워 준다'는 말에 귀가 솔깃해진 종술은 그길로 직접 비닐 완장을 만들어 차고는 쥐꼬리만 한 권력을 겁 없이 휘두르기 시작한다. 저수지에서 몰래 낚시하던 사람들은 물론 어릴 적 친구와 그 아들까지 두들겨 패더니 급기야 자기를 고용한 동네 졸부 일행에까지 시비를 걸고야 만다. 결국 감시원 자리에서 쫓겨나지만 해고된 후에도 여전히 감시원 노릇을 고집하는 종술에게 술집 작부가 던진 한마디.

"눈에 뵈는 완장은 기중 벨볼일없는 하빠리들이나 차는 게여! 진짜배기 완장은 눈에 뵈지도 않어!"

읽은 지 20년이 훨씬 지났는데도 이 소설이 생생히 기억나는 건 살면서 '눈에 뵈는' 완장을 너무 많이 만났기 때문이다. 필요 이상으로 '완장질'을 하는 이들을 대할 때마다 이 소설을 떠올리며 궁금했다. 술집 작부가 말한 눈에 뵈지도 않는 진짜배기 완장이란 대체 뭘까.

사실 우리를 피곤하고 우울하게 만드는 건 눈에 보이는 가짜 완장이다. 눈에 보이지 않는 진짜 완장은 피곤과 우울을 불러오기는커녕 그 자체로 상대의 마음을 움직인다. 가졌지만 스스로를 낮추는 마음, 바로 겸손이다. 능력만 앞세운 사람 앞에선 싫어도 좋은 척 억지웃음을 보이거나 아예 입을 닫아 버리지만 자격이 충분한데 겸손까지 갖춘 사람 앞에서는 마음의 빗장을 열고 무장 해제될 수밖에 없다.

"발로 뛰는 당신들이 더 잘 알지"

조직 안에서는 물론 기자들 사이에서도 굉장히 존경받는

CEO가 있다. 오랜 경력에 그 높은 위치에 있으면서도 어느 누구든 하대하는 법이 없고 늘 미소로 사람을 대한다. 실적으로 보든 인성으로 보든 어느 것 하나 흠잡을 것 없는 그가 중역회의에서 늘 하는 말이 있다.

"내가 뭘 아나? 발로 뛰는 당신들이 더 잘 알지."

많게는 자신보다 10년 이상 어린 후배들 앞에서 그가 하는 말은 늘 한결같다. 젊어서부터 뛰어난 능력을 보여 왔고 CEO가 되어서도 늘 공부하는 모습을 보여온 그가 정말 뭘 몰라서 하는 말일 리 없다. 설혹 모르더라도 짐짓 아는 척하며 자기주장을 앞세우거나, 마음에 들지 않는 의견이라도 나오면 말부터 끊고 보는 것이 보통 상사 모습이 아니던가. 하지만 그는 어떤 사안이든 한발 물러나 숙인 자세로 말을 꺼내고는 조용히 기다린다.

잘 되는 회사는 이유가 있다고, 그 회사의 중역회의는 자유롭고 창의적인 아이디어가 개진되는 것으로 입소문이 나 있다. 칼자루를 먼저 쥐여 주니 눈치 보지 않고 소신껏 제 생각을 말하는 것은 물론 묻지 않아도 스스로 개선점을 제시하거나 사업 아이템을 내놓기도 한다.

물이 위에서 아래로 흐르듯 "내가 뭘 아나"라는 자세는 아래 임직원들에게까지 퍼져 어느덧 이 회사의 조직 문화가 되었다. 덕분에 현장에서 뛰는 말단 사원들까지 눈가림식으로 일하는 법 없이 신명 나게 일한다.

왜 아니겠는가. 윗사람이 "내가 아는 것보다 네가 아는 것이 더 많다"라고 말하는데 자리에 앉아 일하는 시늉만 하는 직원이 있을 리 없다. 그런 까닭에 어느 순간부터 그 회사는 존경받는 임직원이 유독 많아졌다. 겸손이라는 미덕이 존경이라는 화답으로 되돌아온 것이다.

지위와 능력은 얼마 동안은 사람들을 움직일 수 있다. 하지만 그것은 오래가지 않는다. 겸손 없이 능력만 있으면 자만으로 비쳐 나를 돕던 자마저 떠나가게 해 결국 홀로 남을 수밖에 없다. 널뛰기를 할 때 높이 오르려면 우선 나를 낮춰 상대를 힘껏 띄워야 한다. 높이 오른 상대의 동력으로 나는 더 높게 오르게 된다. 그저 요지부동인 채 나 좀 띄워달라고 해봤자 널판은 움직이지 않는다. 자신을 과신한 나머지 내 할 말만 하고 상대를 무시하는 그 순간 바로 성장을 멈추고 추락의 길로 들어서게 된다.

대통령이 되어서도 자기 구두를 직접 닦던 링컨(Abraham Lincoln)은 "겸손이란 지극히 당연한 것을 당연하게 하는 것"이라고 말했다. 나는 지극히 당연한 그것을 잊지 않기 위해 한동안 그 CEO가 남긴 "내가 뭘 아나"라는 말을 책상머리에 붙여 두었다. 행여 후배들 앞에서 내 말을 앞세우지는 않은지, 무심코 던진 말이 후배들의 입을 다물게 하진 않았는지 살피기 위해서다. 가끔 취재를 다녀온 후배들이 자신의 판단에 확신 없어 할 때면 "네 생각이 맞아. 나보단 네가 현장을 더 많이 알지 않니" 하며 길을 터 주기도 한다. 세상은 어떤 사람을 응원하는지, 과연 무엇이 진정 사람의 마음을 움직이는지 이제는 알고 있기 때문이다.

#겸손앞에선마음의빗장이열린다

[5]
"그렇습니까?"만 잘해도

대화를 하다 보면 잘 안 들릴 때도 있다. 딴 생각이 난다거나 상대가 하는 말이 머릿속에 잘 들어오지 않거나 마음에 와닿지 않아서 그렇다.

그 자리를 떠날 수 없다면 난 그냥 잘 듣는 척이라도 한다. 끄덕끄덕 고개로 리듬을 타고 눈을 반짝이면서 말이다. 내가 말을 많이 한 후 헤어진 모임과 말을 적게 하고 많이 들어주고 헤어진 모임 중 후자의 반응이 항상 더 좋았고, 그다음 만남으로 더 빨리 이어지곤 했다. 이 사실 하나만 보더라도 현대인들은 특히나 더욱 '들어 줄 사람이 없나 보다'라는 생각이 든다.

　작가 이기주는 『말의 품격』에서 삶의 지혜는 종종 듣는 데서 비롯되고 삶의 후회는 대개 말하는 데서 비롯된다고 강조했다. 실제로 잘 들어서 후회하는 일은 없다. 내가 해서는 안 될 말, 주워 담지 못하는 말 때문에 감정이 상하고 일이 틀어지며 관계가 복잡해지는 경우가 전부였을 뿐.

　얼마 전 팀원들과 함께 어느 대기업의 G대표와 2시간 동안 평일 점심 식사 시간으로는 나름 긴 자리를 가졌다. 홍보팀에서 어렵게 마련한 첫 만남이었는데, G대표는 현재 자신이 진행 중인 프로젝트가 얼마나 위중하고 어렵고 힘든 작업인지 역설하는 데 1시간가량을 사용했다.

　우리들은 처음에는 그 기업이 진행 중인 사안에 대해 다양한 취재거리가 줄줄이 나오니 흥미진진하게 들었지만, 1시간가량 모두의 침묵 속에 그의 일방적인 발언만 지속되니 이 자리에 우리가 자신의 업적을 듣기 위한 청중으로 동원된 것 같은 생각까지 들었다.

　이어진 1시간은 G대표의 자기 관리에 대한 이야기로 채워졌다. 비즈니스의 성격에 따라 셔츠 스타일이 달라진다거나 좋은 피부를 유지하는 법과 오랫동안 두피 관리를 했기 때문에 현재의 모습을 유지할 수 있었다는 내용이었다.

　보통 기자들은 취재원을 만났을 때 어떻게 자연스럽게 질문을 하고 원하는 대답을 끌어낼지를 항상 고민한다. 취재원이 '취재를 당하고 있다는 사실'에 부담을 느끼지 않도록 자연스러운 무드를 조성해야 하기 때문이다. 상대방의 성격에 따라 취재 방식과 어투, 제스처도 달라지는데 이상하게 말을 하고 싶도록 만드는 기자가 능력 있는 기자로 평가받을 정도다. 입은 웃고 있지만 머리는 눈에 보이지 않는 연기가 풀풀 나도록 가동하느라 점심 미팅이 편했던 적은 별로 없다.

그러나 G대표와의 점심 식사는 두뇌 공장을 가동하지 않고 그저 집중해서 듣고 적절한 추임새와 감동스러운 표정의 양념이면 족했다.

우리는 2시간 동안 추임새를 위해서조차 입 뻥긋할 필요 없이 G대표의 전술과 전략을 거저 듣고 왔다. 반면 G대표는 연초부터 펼쳐온 자신의 전략이 시장에서 어떠한 반향을 얻고 있는지 기자들로부터 정확한 피드백을 들을 수 있는 기회를 놓친 셈이기도 하다.

이기주 작가의 말처럼 우리들은 경청함으로써 지혜와 정보를 얻었지만, 말로 먹고사는 기자들 앞에서 말을 너무 많이 쏟아낸 G대표는 뒤돌아 '내가 실수한 것은 없나' 후회했을지도 모를 일이다.

특히 스스로 말 재주가 있다고 여기는 사람이 어느 정도의 사회적 지위가 올라갈 때는 더더욱 말에 신경을 써야 한다. 상대적으로 자신의 말을 들을 준비가 되어 있는 사람을 만날 때는 더 그렇다. 말 재주나 지위에 가려 진짜 중요한 것을 놓칠 수 있기 때문이다.

상대의 말 속에 있다

경청은 문제에 대한 본질적인 해결책을 얻기도 한다. 해답은 다름 아닌 상대방의 말 속에 있다. 공자의 '삼인행 필유아사(三人行 必有我師)'는 '세 사람이 길을 가면 그 가운데 반드시 나의 스승이 될 만한 사람이 있다'는 뜻으로 어디라도 자신이 본받을 만한 것이 있다는 배움의 자세와 겸손을 논한 문장이지만, 나는 이를 다르게 해석하는 편이다. 남이 얘기하는 것을 잘 듣기만 해도 기본 이상은 갈 수 있다는 것처럼 들린다.

신문사 입사 시험을 볼 때 마지막 관문인 토론 면접이 있었는데, 당장 들었을 때 해답이 떠오르지 않았다. 같은 조로 짜인 수험생들은 면접관에게 깊은 인상을 주기 위해 앞다퉈 의견을 주장하기 바빴다. 나는 질문의 정확한 의도와 내용 파악이 끝나지 않은 상태여서 소극적인 입장이었을 뿐 솔직히 처음부터 경청할 자세는 아니었지만, 그때 생각했다. '일단 남들이 무슨 생각을 갖고 있는지 들어보고 판단하자'.

결국 해답은 상대방의 말 속에 있었다. 조용히 그들의 주장을 들은 나는 나보다 훨씬 똑똑한 4명의 중지를 모아 핵심적이고 적절한 답을 머릿속에서 빠르게 정리했고 제일 마지막으로 천천히 나의 의견을 펼쳤다. 합격을 한 후 토론 면접에서 나의 태도와 답이 가장 인상적이었다는 말을 들었다. 상대의 주장을 경청하는 자세와 정리가 잘 된 답이 면접관들로부터 만점에 가까운 점수를 얻었다는 귀띔이었다. 의도적으로 '나대지 않으려고' 한 것은 아닌데 다른 사람의 말을 경청하는 겸손한 태도가 20대 초중반의 신입사원들보다 훨씬 더 많은 경험을 쌓은 면접관의 마음을 움직였다는 판단이다.

그렇게 잘 말하기 위해서 잘 듣기만 해도 된다는 사실을 나는 사회생활의 첫 발을 떼는 그날 알았다.

#지혜는듣는데서후회는말하는데서

[6]
"아, 진짜요"라고 맞장구쳐 보라

  누구나 한번쯤 영화나 드라마를 보고 주인공에게 공감해 눈물을 흘려 본 적이 있을 것이다. 인간은 공감의 동물이다. 과거에는 인간과 다른 동물의 차이를 이성의 존재 여부에서 찾았지만 최근 들어 공감하는 능력을 인간의 독특한 특성으로 보는 관점이 늘고 있다.

  세계 각국의 정책을 결정하는 데 큰 영향력을 행사해온 미래학자 제러미 리프킨(Jeremy Rifkin)은 공감하는 존재로서의 인간을 '호모 엠파티쿠스(Homo Empathicus)'라 칭하며 "인간이 세계를 지배할 수 있게 된 것은 뛰어난 공감 능력이 있기 때문이며 미래는 확실히 '공감의 시대'가 될 것"이라 단언했다.

외딴섬에 홀로 살지 않는 한 사람은 걷기 시작하면서부터 사회에 소속돼 살아갈 수밖에 없다. 사회에서 남과 더불어 살아갈 수 있는 건 타인과 공감할 수 있기 때문이다. 공감이 말이나 행동으로 표현될 때 관계가 시작되고 서로 간에 공감대가 사라지면 관계도 끝이 난다. 결국 공감은 모든 관계의 시작과 끝인 셈이다.

나는 공감은 '잘 듣는 것'에서 시작한다고 생각한다. "듣는 걸 누가 못해?" 하겠지만 그저 귀에 전해지는 말을 이해하는 차원으로 생각해선 안 된다.

『아Q정전』, 『광인일기』 등의 역작을 남긴 중국의 대 문호 루쉰(魯迅)은 이렇게 말했다. "명망 있는 학자와 이야기를 할 때는 상대방의 말 가운데 군데군데 이해가 되지 않는 척해야 한다. 너무 모르면 업신여기고 너무 잘 알면 미워한다. 군데군데 모르는 정도가 서로에게 가장 적합하다."

몇 년 전 이름만 들으면 누구나 알 만한 재벌가 인물과 독대한 적이 있다. 기자회견 등 공식 석상에서 자주 마주치며 담소를 나누기도 했지만 일부러 시간을 내 단둘이 만나는 건 처음 있는 일이었다. 재벌 출신의 기업 임원들을 많이 만나 온 나로서는 그다지 기대감이 없었다. 경영 철학이나 기업의 비전, 가치관 등 구태의연한 이야기가 오갈 거라 생각하고 자리에 앉았는데, 뜬금없이 건강 이야기를 먼저 꺼내는 것이었다. 평소 건강관리에 관심이 많은 나는 쓸 만한 정보를 들려 주었다. 이야기는 자연스럽게 건강을 비롯한 최근 트렌드로 이어졌는데, 갑자기 그가 메모장을 꺼내 내가 하는 이야기를 적는 것이었다. 내가 하는 말 하나하나에 "아, 진짜요?" 하며 눈을 빛내니 '내 얘기가 재미있나? 내가 저 사람에게 도움이 되는 얘기를 하고 있나? 뭔가 또 새로운 게 없을까?' 하는 생각이 절로 들었다. 결국 나는 그 시간 동안 신명 나게 입이 마를 만큼 많은 이야기를 했다.

애초 생각했던 대화는 아니었지만 자리를 마치고 난 후 나는 그에 대해 더 잘 알게 된 느낌이었다. 처음의 거리감은 온데간데없이 사라지고 마치 오랫동안 잘 알고 지내온 선배를 만난 듯 친근했다. 분명 말을 많이 한 쪽은 내 쪽이고 상대는 그저 듣기만 했을 뿐인데 말이다. 돌아오는 길에 문득 깨달았다. 내게서 그토록 많은 이야기가 쏟아져 나오게 하고, 서로의 지위 여부를 떠나 공감을 갖게 만든 건 바로 그의 반짝반짝 빛나는 눈빛과 함께 전해진 "아, 진짜?"라는 한마디였다.

이미지 설계 전문가 이종선은 『따뜻한 카리스마』에서 대화할 때 가장 중요한 수칙으로 '1·2·3'의 법칙을 들었다. 한

번 말하고, 두 번 듣고, 세 번 맞장구치라는 것이다. 저자가 말했듯 이 말은 비단 대화의 규칙이 아니라 세상을 사는 자세라 해도 무방하다.

살면서 우리가 겪는 모든 문제는 결국 사람이 중심에 있다. 잠자는 시간을 빼고 우리는 늘 (생각으로라도) 누군가와 함께한다. 만일 누구를 만나든 상대와 마음을 터놓고 열린 자세로 관계할 수 있다면 세상살이가 훨씬 수월해질 거다. 결국 공감이 필요하단 얘기다.

일명 '어머 어머' 전략

사람을 만나 이야기를 듣는 일이 직업인 내가 까다로운 사람을 만날 때 잘 쓰는 방법두 다르지 않다. 일명 '어머 어머 전략'. 상대의 이야기를 진심으로 들어 주며 마치 자신의 이야기처럼 맞장구쳐 줄 때 얼굴을 찌푸리는 사람을 본 적이 없다.

20여 년간 인터뷰를 진행하면서 1시간이라는 한정된 시간 안에 상대의 살아온 이야기와 가치관을 끌어내기 위해 터득하게 된 공감 전략이다. 다른 기자에게 하지 않은 새로운 이야기를 털어놓게 하려면 마음을 여는 것이 중요한데,

가장 쉬운 방법이 그들의 이야기와 표현 하나하나에 진심으로 공감해 주는 것이다. 적당한 추임새와 내가 당신에게 집중하고 있다는 눈빛이 양념으로 들어가면 대화는 훨씬 풍성해지고 상대는 속 얘기를 생각보다 쉽게 털어놓는다. 보통 1시간이면 끝날 인터뷰가 두세 시간까지 이어지고 마칠 무렵이면 거의 언니 동생, 오빠 동생 사이가 된다. 그들은 내게 말한다. '이상하게 속 얘기를 다 하도록 마음을 열게 하는 마력이 있다'고.

교과서처럼 들리겠지만 그 비결은 바로 관심이다. 이 순간만큼은 그에게 온 마음으로 집중해 '당신의 이야기를 잘 듣고 함께 기뻐하고 함께 슬퍼하고 있다'라고 표현하는 것이다. 그런 마음이면 당연히 눈도 빛날 수밖에 없다. 상대는 이 순간만큼은 앞에 앉은 이가 내 편이라는 생각에 흡사 힐링이 되는 기분까지 느낀다.

"아, 진짜요?"든 "어머 어머"든 중요한 건 그 말에 실린 마음일 것이다. 내게 많은 말을 쏟아내게 했던 재벌가 인사는 귀와 마음, 몸 모두 열려 있었다. 내가 전한 말이 모두 새로웠을 리 없고 정말 그에게 도움이 되었는지도 알 수 없다. 분명 이미 아는 것도 있었을 것이다. 그러나 분명한 건 그때만큼은 자신의 시간을 진심을 다해 내어주었다는 것이다. 사랑은 시간을 내어주는 것이라는 말도 있지 않은가.

1인 가구가 크게 늘고 SNS로 모든 소통이 이루어지면서 갈수록 우리 사회는 공감 결핍 현상이 두드러지는 것 같다. 만일 세상이 온통 벽뿐이라는 생각이 든다면, 곰곰이 생각해 보자. 원하는 것을 얻기 위한 내 자세는 어떠했는지, 나는 과연 누군가에게 진심 어린 공감의 말을 전한 적이 있는지 말이다.

#누구나인정받으면연다마음을

[7]
선을 넘는 사람들에게

단테(Dante Alighieri)가 말했다. "오늘이라는 날은 두 번 다시 오지 않는다는 걸 잊지 말라"라고. 나는 지치고 힘이 들면 이 말을 되새기며 조금 더 힘을 내 보자, 소중한 내 시간을 쓸 데 없는 감정 소모로 낭비하지 말자고 다짐하곤 한다. 하지만 한정된 시간 안에서 해결해야 할 일들이 급습해 오고 본 데 없이 무례한 요구로 내 시간을 빼앗으려는 사람들이 주변에 너무 많다. 내 몸을 둘로 쪼개지 않는 한 어쩔 수 없이 선을 긋고 거절해야 하는 상황이 생기는 것이다.

나는 거절도 분명한 자기표현이라고 생각한다. 불편한 마음, 불가능한 상황을 애써 감추는 것은 배려가 아닐뿐더러 오히려 지속적인 관계에 방해가 된다. 그럴수록 결국 내 쪽에서 피하게 되기 때문이다.

문제는 상대의 반응이다. 가만히 보면 대개 자존감이 부족한 사람이 별것 아닌 거절이나 선 긋기에 상처를 받고 공격적인 반응을 보인다. 상황이나 일에 대해 선을 긋는 것을 마치 자신을 거절하는 것인 양 착각해서다. 하지만 아주 가까운 관계가 아니고서야 상대의 자존감까지 일일이 살펴 가며 대응할 수는 없는 법. 처음부터 분명하고 단호하게 내 입장을 밝히면 좋겠지만, 그러지 못할 때 듣는 상대도 불편하지 않으면서 내 의사를 부드럽게 전하는 방법도 있다.

언니 동생 사이로 지낼 만큼 친하게 지내는 선배가 있다. 무엇이든 거침없이 말하고 추진력도 강해 기가 세다는 말을 종종 듣는다. 평소 말 습관이나 행동을 보면 누군가의 표적이 되기 십상인데 희한하게도 그녀는 주변 모든 관계가 매끄럽다.

한 번은 아는 후배까지 셋이서 함께 식사를 했다. 원래는 선배와 나 둘이 만나는 자리였는데, 평소 그녀를 동경하던 후배 하나가 따라나섰다. 그런데 그녀에 대한 후배의 관심이 지나쳤던 듯싶다. 일 잘하고 시원시원한 성격의 선배에게 다가가고 싶은 마음은 이해하지만, 가까운 사이에서도 묻기 조심스러운 사적인 질문을 계속 던지는 거였다. 한두 번 말을 돌리던 선배는 살짝 흘긴 눈으로 검지를 좌우로 흔들며 말했다.

"여기까지, 스토오옵~."

"아니 왜 그런 걸 물어 봐? 무례하게!"라고 내칠 수 있는 말을 세련되게 돌려 표현한 것이었다. 하지만 그녀의 센스 있는 표현에 후배는 크게 무안한 기색 없이 입을 다물었고, 자칫 어색해질 수 있었던 분위기는 계속 즐겁게 이어졌다.

"방금 선 밟으셨어요"

사실 대부분의 사람은 자신의 질문이나 요청이 거부당하는 상황에 놓였을 때, 거절 자체보다는 표현을 문제 삼는다. 똑같은 거절이라도 어떻게 표현하느냐에 따라 전혀 다른 감정을 불러일으켜서다. 그래서 나는 무례한 요청에 불쾌한 기색은커녕 오히려 얼굴 가득 웃음을 머금고 이렇게 말하곤 한다.

"방금 선 밟으셨어요."

가까운 사이라면 한마디 덧붙인다.

"내 마음이 변할 것 같아. 나 마음 거둘까?"

팔뚝에 살짝 손을 얹으며 이렇게 말하면 상대는 화들짝 놀라 당황한 기색으로 자세를 바꾼다. 한순간 무안할지 몰라도 그것이 불쾌한 감정으로 오래 남지는 않는다.

물론 모든 상황에서 통용되는 건 아니다. 사적인 용무가 아니라 업무적인 문제로 당장 해결할 수 없는 요청을 받았을 때는 내 의사만 전달하는 것이 능사가 아니다.

언젠가 일하는 중에 늘 거절을 못해 힘들어하는 후배에게 수락하듯 거절하는 법을 일러 준 적이 있다. 절반의 거절과 절반의 수락이라고 할까. 야구에서 유래한 말 중에 '레인 체크(Rain Check)'라는 표현이 있다. 야구 경기 중에 폭풍우 등 예기치 않은 상황으로 더 이상 경기를 진행할 수 없을 때 재경기를 관람할 수 있도록 관중들에게 발행하는 티켓을 말한다. 쇼핑에서는 매장에 물건이 없으니 후일 매장을 재방문하면 같은 가격에 준다는 뜻으로 사용된다. 지금은 식사 모임이나 약속 등에 대해 당장 응할 수 없을 때 다음 기회로 미루자는 뜻으로도 널리 쓰이는데, 불가피하게 거절할 수밖에 없는 상황에서 레인 티켓(Rain Ticket)은 아주 효과적이다.

곤란한 내 상황을 솔직하게 설명한 후, 내가 그 요청을 받아들일 수 있는 조건을 역으로 제시하는 거다. 누군가 급하게 뭔가를 해달라고 한다면, '지금 당장은 어렵지만 내일 오후부터는 괜찮으니 원하는 시간을 말해달라'라거나 '요청한 것에서 이 부분을 해결해 주시면 가능하다' 라는 식이다. 급하고 무례하게 요청한 사람들의 경우 대개 요구만 할 줄 알았지 수고가 따르는 걸 싫어하기 때문에 이야기는 그 선에서 끝나는 예가 많다. 그게 아니더라도 요청을 들어 주는 데 들어가는 내 에너지를 최소화시킬 수 있게 된다.

살면서 거절하는 일을 피할 수는 없는 노릇이다. 또 아무리 가까운 사이라도 선을 넘어 무례하게 구는 것에도 정확한 내 의사를 밝힐 필요가 있다.

무작정 피하거나 반대로 무슨 말이든 들어 주기만 하는 것은 건강한 관계를 유지하는 데 큰 독이 된다. 그러나 내 의지로는 어떻게 해 볼 도리가 없어 조건 없이 거절했을 경우에는 나중에라도 다시 연락해 미안한 마음을 전해야 한다. 작은 관심을 전하지 못해 서운함이 원망으로 바뀌는 예가 얼마나 많은가.

하던 일을 잠시 멈추고 상대의 사정을 들어 주는 것. 그의 말을 집중해 잘 들어 주는 것으로 충분하다. 귀한 시간을 내어 주는 것만으로도 상대에겐 적지 않은 위안이 된다.

#너님방금선밟았어요

[8]
한국말을 영어처럼 하라

일주일에 십수 번씩 크고 작은 회의에 참석해야 하는 나는 상황에 따라 발표자가 되기도 하고 평가자가 되기도 한다. 이런 경험에 비춰 보면 어떤 상황이든 말하기의 성패는 '무엇을'이 아닌 '어떻게'에 좌우되는 경우가 태반이다.

사실 기자 생활 10년 차가 훌쩍 지날 때까지도 나는 그 점을 간과했다. 일에 대해서는 가감 없이 정확하게 팩트를 전달해야 한다고 생각했고, 듣기 거북한 사안도 거침없이 쏟아내는 통에 입바른 소리를 잘한다는 말도 들었다.

사회생활을 하면서 늘 해왔던 말은 "나는 일에 대해 말하는 거지 누구를 탓하는 게 아니야"였다. 하지만 시비를 정확히 가리고 솔직한 내 의사를 끝까지 관철시킨다는 것은 결국 상대방의 감정을 고려하지 않은 자만심으로 비쳐 오해만 사기 일쑤였다.

그들이라고 말하고 싶은 욕구가 없을까

말로 인한 오해 때문에 힘들어하는 나를 지켜보던 한 선배가 어느 날 내게 이런 말을 해주었다. "하고 싶은 말을 일단 좀 참아 봐. 영어로 말한다는 기분으로 말이야."

『뱀의 뇌에게 말을 걸지 마라』의 저자 마크 고울스톤(Mark Goulston)은 대화 상황에서 40초 이상 자기 생각을 늘어놓은 경우 대화가 일방적인 독백으로 변질된다고 말한다. 그는 대화의 첫 20초를 녹색 신호등에 비유하며, 이때는 서로가 호감을 갖고 상대의 말을 유의 깊게 듣는다고 했다. 하지만 이 20초가 지나도록 한쪽이 일방적으로 이야기를 이어가면 초록 불이 노란 불로 바뀌면서 듣는 이는 점차 흥미를 잃게 되고, 시간이 더 지나 40초가 넘으면 빨간 신호등이 켜지며 적개심이 생긴다는 것이다. 하지만 대화를 하다 보면 나도 모르게 상대의 반응은 무시한 채 내 의견을 전달하기에 급급해지게 마련. 초록 불이 언제 노란 불을 거쳐 빨간 불로 바뀌는지를 말하는 중간에 알아채기란 여간해서 어렵다.

이때 유용한 것이 선배로부터 들은 '영어 쓰듯 말하기'다. 한번 상상해 보자. 영어처럼 말을 하려면 어떻게 해야 할까? 교포가 아닌 이상 영어로 말하려면 먼저 내 생각부터 차분히 정리해야 한다. 적당한 단어를 고르고 어순을 정리하고 그것이 상대에게 정확히 전달되게끔 머릿속에서 다시 한번 시뮬레이션을 돌려야 한다. 자연히 신중해질 수밖에 없고 아주 단순한 문장이라도 입을 떼기 전에 몇 번을 곱씹게 마련이다. 실수를 피하기 위해 두 번 할 말을 한 번으로 줄이는 것은 기본. 더욱이 우리가 어릴 적부터 익힌 교과서식 영어엔 비속어 같은 나쁜 말은 없다. 거절이든 부정의 표현이든 대부분 정중하고 예의에서 어긋나지 않는다. 한마디로 상대의 기분을 상하게 할 여지가 없는 것이다.

똑같은 내용이라도 누가 전달하느냐에 따라 전혀 다른 결과를 가져오는 것은 바로 이런 차이 때문이다. 자기 분야에서 어느 정도 입지를 이룬 전문가들이나 기업의 CEO들을 보면 한결같이 대화를 즐겁게 이끌어가는 재주가 있다. 아는 것도 많고 정보도 넘치는 그들이지만 일방적으로 자기주장을 펼치는 것을 나는 한 번도 본 적이 없다. 또한 재미 삼아 유머를 던지는 속에도 표현이나 어투가 정중하고 예의 바르다. 이야기를 듣고 있는 자체만으로 내가 존중받고 있다는 느낌이 들어 호감이 배가 된다. 그들이라고 말하고 싶은 욕구가 없을까?

하지만 그들은 아는 것이다. 일방적으로 자신의 말을 늘어놓는다 한들 그것이 상대에게 제대로 가닿지 않을뿐더러, 내 눈앞의 상대는 결국 자신이 듣고 싶은 말을 골라 듣는다는 것을 말이다.

개인적으로 친분이 있는 모 기업의 CEO는 중요한 대화를 할 때면 끊임없이 머릿속을 비우는 연습을 한다고 귀띔했다. 대화중에 머릿속을 지나가는 생각의 상당 부분을 기꺼이 무시해 버린다는 것이다. 그러다 보면 자연히 말이 줄고 상대에게 집중해 그의 동조를 얻기가 쉬워진다는 설명이었다. 내 의사를 좀 더 정확히 피력하겠다고 설명을 덧붙이거나 대화중에 무작위로 떠오르는 생각들을 여과 없이 내뱉는 것은 소기의 목적을 달성하기는커녕 대화의 질만 떨어뜨릴 뿐이다.

"우리는 상대와 대화하는 동안 끊임없이 자기가 할 말을 구성해냅니다. 언제고 활시위를 당길 수 있도록 과녁을 조준한 채 말이죠."

대화할 땐 늘 머릿속을 비운다는 CEO가 덧붙인 이 말은 영어를 말하듯 신중히 말을 아끼라는 것과 결국 맥을 같이 한다. '무엇을'에 집중한 나머지 내 할 말만 던지다가 눈앞에 있는 청자를 간과하는 실수를 범하지 말라는 것이 아니겠는가.

　소통에 어려움을 겪고 있는가? 상대가 나와 이야기하기를 꺼려 하는 것 같은가? 멋진 말로 자신의 영향력을 키우고 싶은가?

　그렇다면 우선, 하려던 말을 멈추는 연습부터 해 보자. 두 마디 할 걸 한 마디로 줄이고 상대의 반응에 집중하면서 말하고 싶은 욕구를 참아 보는 거다. 영어를 처음 배울 때 우리는 말하는 법보다 듣는 능력을 먼저 키운다. 귀가 열린 후에야 말문도 트인다.

#어차피듣고싶은말만골라듣는다

[9]

설득하지 않고 설득하는 법
-회의나 협상 테이블에서 기억해야 할 것

    태어나면서부터 말을 잘하는 사람은 없다. 누구나 말 때문에 두렵고 어려운 상황을 겪는다. 수천 명의 임직원을 거느린 CEO든 이제 막 입사한 말단 사원이든 누군가의 앞에서 논리적인 주장을 펼치고 기분 나쁘지 않게 상대를 설득하는 데 어렵지 않은 사람은 없을 것이다.

    기자 초년 시절 나도 그랬다. 소심한 인터뷰이(Interviewee)에게 이야기를 끌어내지 못해 낭패를 겪은 적도 많고, 회의석상에서 내 의견만 앞세우다 상사에게 꾸지람을 들은 적도 여러 번이다. 수도 없는 시행착오 중에 깨달은 건 효과적인 말하기에도 학습과 훈련이 필요하다는 것.

안타깝게도 우리는 학교 다닐 때 영어, 수학 공부는 그렇게 했어도 센스 있는 대화 요령은 단 한 번도 배워 본 적이 없다. 그래도 다행인 것은 성공적인 대화나 설득에 타고난 말재주가 필요하지는 않다는 것이다.

다음은 내가 지금까지 만나온 수많은 설득의 달인, 커뮤니케이션의 대가들에게서 공통적으로 드러나는 성공적인 말하기의 요령이다. 싸우지 않고 이기는 대화를 하고 싶다면 꼭 한번 숙지해 보자.

설득의 관건은 나와는 관점이 다른 상대방의 마음을 내 생각 쪽으로 움직이도록 하는 것이다. 우리가 대화 중에 가장 흔히 저지르는 실수는 내 의견을 전달하는 데 급급한 나머지 듣는 상대에 대해 충분히 숙지하지 않는다는 것이다. 내 의견을 피력하기에 앞서 상대가 어떤 사람이고 어떤 상황에 놓여있는지를 파악하는 것이 우선이다. 특히 상대가 나보다 윗사람인 경우 그렇다. 상사에게 깨지는 대부분의 경우는 그가 지금 해당 사안에 대해 어떤 마음이고 어떤 상황에 놓여있는지 모르기 때문에 발생한다. 내가 처한 나만의 상황이 있듯, 상대도 내가 모르는 자신만의 상황이 있다는 걸 잊어선 안 된다. 목적에 맞는 내용을 준비하는 것도 중요하지만 상대의 성향이나 상황을 파악해 나에 대한 호감도를 높일 필요가 있다.

상대의 성향이나 상황을 어떻게 파악하느냐고? 질문은 그럴 때 하는 것이다. 업무 지시를 받았다면 얼마나 시급하고 중요한 것인지, 이 일이 회사(혹은 상사)에게 어떤 의미가 있는지 간단한 질문으로 대략적인 상황 정도는 파악할 수 있다. 대부분 상사는 아랫사람이 말없이 알아서 잘해 주길 바라지만 해결과 발전을 위한 질문을 싫어하지 않는다. 오히려 시의적절한 질문은 업무에 대한 적극적인 자세를 피력할 기회가 된다.

타사에 방문할 경우 해당 회사의 동향이나 기업 철학 등을 미리 알아두면 대화가 훨씬 쉬워진다. 효과적인 설득은 이론과 실력 외에 '상대에 대한 관심'이라는 옵션이 필요한 법이다.

이 세 가지만 기억하자

1. 준비만큼 확실한 무기는 없다

모든 일이 그렇지만 말하기 역시 얼마나 준비하느냐에 따라 성패가 좌우된다. 특히 말할 계획이 없던 상황에서 갑자기 내 생각을 말해야 할 때 사전에 준비된 바가 없다면 더듬

거리거나 말실수 할 확률이 높다. 따라서 팀 차원의 일이 진행 중이거나 공개적인 회의에 참석할 경우, 혹은 생면부지의 낯선 사람과 만나게 되었을 경우에도 '내가 말할 가능성'을 늘 염두에 둔다.

회의에서 늘 풍부한 아이디어를 내놓는 것으로 정평이 난 한 선배는 중요한 안건이 있으면 회의 전에 늘 수다 떨듯 주변 사람들과 그 사안에 대해 이야기를 나눈다고 한다. 안건의 일부를 친구나 동료의 일상적인 대화중에 자연스럽게 꺼낸다는 것이다. "요새 이런 게 유행이라던데 혹시 알아?" "내가 요새 관심 있는 게 있는데…"로 화두를 던지면 생각지도 못했던 아이디어를 얻기도 하고, 환기도 되는 효과를 얻게 된다고 한다.

낯선 사람과 처음 대화를 이어가야 할 때 최근 시사 이슈를 미리 점검해 가는 것도 큰 도움이 된다. 요컨대 상대의 흥미를 불러일으킬 만한 화제를 준비하는 것이다. 특히 연배가 있는 사람을 만날 경우 일간지를 통해 경제 문제나 국제 이슈 등을 미리 파악해두면 대화의 첫머리가 아주 쉽게 풀리는 예가 많다.

공통된 관심사에서 이야기를 시작하면 상대에 대한 경계심이 풀리는 것은 물론 자신의 속내를 좀 더 쉽게 털어놓게 된다.

2. 설득과 논쟁을 혼동하지 마라

회의나 프레젠테이션 등 업무상의 소통에서 중요한 것은 강요에 의해 상대를 승복시키는 게 아니라 마음의 동의를 이끌어내는 것이다. 이성과 논리가 중요한 듯해도 그보다 감정적 동의를 얻지 못하면 진정한 설득은 이뤄지지 않는다. 논리를 내세워 내 의견을 피력하고 상대의 주장을 꺾으면 처음에는 성공했다는 생각이 들겠지만, 그로 인해 상대의 마음이 내게서 떠났다면 결국 득이 될 게 없다. 눈앞에서는 수긍했어도 실제 진행상에서 제대로 된 협조를 얻을 수 없기 때문이다.

어떤 주장을 펼침에 있어 감정적인 언쟁으로 이어질 조짐이 보이면 일단 멈추는 것이 상책이다. 무리해서 주장을 펼치다 보면 논의는 언쟁으로 변질돼 감정싸움으로 번지기 십상이다. 언쟁이 계속되면 일뿐만 아니라 사람까지 잃게 될 수 있다. 한 걸음 물러서 상대가 하는 이야기를 듣고, 내 생각과 다른 부분에만 질문을 던져 보자.

상대의 의견이 타당하지 않다면 결국 질문을 통해 상대 스스로 깨닫게 마련이다. "~가 안 된다면" 식의 협박성 발언도 금물이다. 설득이 어려울 때 쉽게 쓰는 방법이 이런 부정적인 가정인데, 이는 나와 맞서는 상대에게 책임 전가를 하는 듯한 공격적 태도로 비치기 쉽다. 어떤 경우에든 내 말만 앞세운 강한 자기주장은 상대를 설득시키기는커녕 방어심만 배가시킨다는 것을 잊지 말자.

3. 말발보다 진심으로 승부하라

말하기에 있어 가장 중요한 것은 대화하는 요령이나 설득 기법 자체가 아니라 내가 말하려는 것에 나 스스로 얼마나 당당한가이다.

'말발'을 타고난 사람이라면 어떤 사안이든 쉽게 설득하고 빠른 결과물을 얻어낼지 모른다. 하지만 말재주만으로는 한계가 있다. 오히려 언변이 뛰어나지 않더라도 진심이 있으면 그 설득은 성공할 가능성이 크다. 정말 중요한 설득일수록 솔직하게 입장을 표명하고 사실 자체를 전달할 때 예상외의 좋은 결과를 얻는 경우가 많다.

결국 설득의 비결은 나 자신과 타인에 대한 당당한 태도다. 솔직하고 당당한 태도는 어투에서도 그대로 드러난다. 나 자신에게 떳떳하고 내 의견에 거리낄 게 없으면 자연히 어깨가 펴지고 눈빛도 당당해진다. 숨김없는 당당함과 자신감 있는 표정은 상대로 하여금 나에 대한 기대와 관심을 높이게 마련이다.

굳이 설득하려 애쓰지 않아도 절반은 호감을 얻고 들어가는 셈이다. 대화에 앞서 내가 말하려는 것을 자문해 보고 스스로 설득당할 만한지 차근차근 점검해 봐야 하는 이유가 여기에 있다.

#설득은논쟁이아닌마음의동의

[10]
나에게 맞는
예쁘고 고운 말을 골라낸다

 심리학자 에이브러햄 매슬로(Abraham Harold Maslow)는 "가진 연장이 망치밖에 없다면 모든 문제를 못으로 보게 된다"라고 했다. 말도 그렇다.

 나쁘고 거친 말, 부정적인 말만 해버릇하다 보면 세상 모든 일이 벽처럼 느껴지고 내게 닥친 문제가 고달프고 힘들게만 보인다. 습관적으로 쓰는 말이 결국 생각을 지배하게 된다.

 당연히 주변 사람들도 부정적으로 바라보게 되고 서로 힘이 되는 좋은 관계를 구축해갈 수 없다. 매사에 거칠고 부정적인 말만 쓰는 사람과 어느 누가 함께하고 싶겠는가.

그래서 나는 후배들에게 종종 말한다. 내가 남에게 듣고 싶은 말, 따뜻하고 친절한 말들을 열심히 연습해 먼저 써 보라고. 망치처럼 남의 가슴에 대못 박는 말 대신 솜털처럼 따뜻한 말, 듣자마자 에너지가 솟는 비타민 같은 말을 먼저 던져 보라고 말이다.

문제는 머리로는 알겠는데 실생활에서 직접 입을 떼기가 쉽지 않다는 거다. 대부분 책이나 영화에서 보던 낯간지러운 말들을 어떻게 대놓고 쓰느냐며 고개를 젓는다. 살면서 부인에게 "사랑해"라는 말을 단 한 번도 해본 적이 없다는 노년의 어느 CEO를 만난 적도 있다.

하지만 내 경험에 비춰 보자면 못해서 안 하는 게 아니라, 안 해봐서 못하는 거다. 내가 잘할 수 있는 말을 찾아 훈련하듯 계속 쓰다 보면 어느새 입에 붙고 이를 듣는 사람도 자연스럽게 받아들이게 된다. 앞서 말했듯 외국어를 처음 배워 말하는 것처럼 말이다.

이 외에도 수첩에 자신이 하는 말을 적고, 이를 매일 보면서 반성하고 가다듬는 방법도 좋다. 수첩에 일일이 적는 수고 대신 내가 쓰는 방법은 좋은 말을 '시각화'하는 것이다. 스마트폰이 상용화되지 않았던 시절에는 메모지에 좋은 시구나 명언을 적어 눈에 보이는 곳에 붙여두곤 했다. 그렇지 않아도 직설적인 말버릇이 사회부 기자 노릇을 하느라 더 거칠어지는 것을 막기 위해서였다.

지금 주로 이용하는 것은 매일 사용하는 모바일 메신저 창, 카톡 대문이다. 깨어있는 동안 늘 지니고 있는 휴대전화의 카톡 창은 나 자신에게 주는 격려의 말, 내가 기억해야 할 말들이 눈에 띄게 도배되어 있다. 무심코 대화 창을 열었을 때 내 눈에 가장 먼저 띄게 하기 위해서다. 한번 적어둔 좋은 말들은 하루에도 몇 번씩 내 눈에 들어오게 되고 어느덧 나의 뇌는 그것을 자신의 것인 양 자연스럽게 받아들인다. 머릿속에 예쁜 화원을 가꾸는 기분이랄까. 부서원들과 함께하는 단톡 방의 이름은 '사랑하는 우리 부원들'이다. '사랑하는'이라는 수식어를 보는 순간 마음이 한결 너그러워지고 매일 보는 팀원들의 안부를 묻고 싶어진다. 행여 일적인 문제로 추궁할 일이 있어도 이미 '사랑'이라는 단어 하나 때문에 마음이 한결 부드러워진 터라 같은 말이라도 더 곱고 조심스러운 말로 전달하게 된다.

재미있는 것은 그저 눈으로 보기만 하는 것인데도 그것이 반복되다 보면 어느새 직접 말로 표현하고 있는 나를 발견하게 된다는 점이다. 무의식의 힘이 그렇게 무섭다. 관건은 같은 내용이더라도 내게 맞는 표현을 찾는 것이다. 그럴싸해 보이는 좋은 말이라도 그것이 스스로 연극 대사처럼 부

자연스럽게 느껴진다면 아무리 자주 보고 익숙해진다 한들 쉽게 입을 통해 나가지 않는다. '사랑'이라는 말이 내 입에 붙기에 너무 거리감이 느껴진다면 마음을 전할 수 있는 다른 말로 대체하는 것도 방법이다. 아는 후배는 "사랑해"라는 말 대신 "애정해" "최애(가장 사랑하는)~하는" "알라뷰~" 등 약간의 유머를 섞은 표현을 자기만의 말 습관으로 익히기도 했다.

아마 처음에는 주변 사람들의 당황하는 반응을 보게 될지 모른다. 나도 그랬다. 긴장된 침묵이 흐르는 삭막한 신문사 편집국에서 이곳과 어울리지 않은 달달한 언어를 남발하니 "이건 뭥미(?)"라는 표정만 돌아오는 일도 있었고, 내가 가식적이라며 수근 대는 사람도 있었다.

하지만 무슨 상관인가. 나는 아름다운 말을 내가 들어 좋고, 곱고 좋은 말을 받아들이지 못하는 건 결국 상대의 손해일뿐이니까. 그리고 시간이 걸릴지라도 진심은 결국 통하는 법이다.

"너는 입에 천사가 있구나"

그 후로 몇 년이 지나 한 선배가 내게 말했다. "너는 입에

천사가 있구나."

깜짝 놀랄 만큼 과분한 칭찬이지만 그간의 노력이 헛되지 않은 듯해 마음이 뿌듯했다. 좋은 말을 배워 보겠다며 나처럼 휴대전화에 고운 말들을 기록해두는 친구들도 여럿 생겼다.

인생이 뜻대로 풀리지 않는다면 가장 먼저 내가 가진 말의 연장을 점검해 보자. 돈이 드는 것도 시간이 드는 것도 아니다. 찰나의 순간 어떻게 말을 하느냐에 따라 인생의 향방이 바뀔 수도 있는 세상이다. 그 찰나의 순간은 언제 어느 때 찾아올지 모른다. 내가 가진 말 그릇에 과연 어떤 단어, 어떤 표현들이 담겨 있는지 생각해 보라. 마뜩지 않다면 지금부터라도 그릇을 엎고 우물물을 길어 올리듯 좋은 말, 아름다운 표현을 가려 담아야 한다.

세상엔 딱 두 부류의 사람이 존재한다. 말 때문에 외로운 사람, 말 때문에 행복한 사람이다. 어느 쪽을 택할지는 오로지 내 선택에 달렸다. 지금이라도 당장 휴대전화의 카톡 창에 고르고 고른 예쁜 말을 담아보면 어떨까. 잊지 말자. 내 입에서 나간 말 한마디가 곧 내 삶이 된다.

어떤 CEO가 그랬다. 카톡 사진과 문구만 봐도 그 사람의 인생을 엿볼 수 있다고. 그리고 실제로 그의 인생은 그가 설정한 그대로 이뤄질 것이라고.

#카톡대문만봐도그사람이보인다

"선배 주변에는 늘 좋은 사람들이 넘쳐나는데,
그 비결이 뭐예요?"
내 대답은 단순했다.
"상대의 장점을 믿어서 아닐까."
정말 그렇다.
누군가 "아무도 신뢰하지 않는 자는 누구의 신뢰도 받지 못한다"라고 했다.
누군가를 믿는다는 건 큰 용기를 필요로 하지만,
그 용기 없이는 어느 누구의 마음도 얻을 수 없다.
그래서 나는 사람을 만날 때 어떻게든
그 사람의 좋은 점을 발견하려고 애쓴다.
쉽게 말해 믿을 만한 구석, 이 사람과 관계를 이어갈 수 있게 하는
내적 동인을 스스로 찾는 거다.
신기한 것은 믿고자 마음먹은 순간 상대의 좋은 점이
너무 잘 보인다는 것이다. 자연히 만남이 유쾌해지고 관계는
서로 힘이 되어 주는 모습으로 발전해간다.

[4장]

좋은 사람들이 넘쳐나게 만드는 '예쁜 말'의 법칙

부러워하지 말자, 인생은 제로섬 게임

　김승호 짐킴홀딩스 회장은 충남 장항 출신으로 미국에서 자수성가한 사업가다. 2005년 세계 1위 도시락 업체 스노우폭스를 창업한 그는 전 세계 1,300여 개 매장에서 하루 10만 개 이상의 도시락을 팔아 연간 3,500억 원이 넘는 매출을 올린다. 그는 자신의 저서 『알면서도 알지 못하는 것들』에서 이렇게 밝혔다.

　'인생의 수학은 미묘해서 공식이 없다. 남을 누른다고 내가 이기는 것도 아니고 내가 졌다고 상대가 이긴 것도 아니다. 누군가 날 행복하게 해주길 바란다면 불행해지고, 누군가를 행복하게 해주려 하면 내가 행복해지니, 이런 방정식은 세상에 없다. 많이 가지려 하면 오히려 적게 잡게 되고 적게 잡으려 하면 오히려 늘어난다. 나를 믿고 담장을 넘어가라고 어깨를 내밀면 오히려 품에 들어오고 품으려 가둬 버리면 달아난다.'

어릴 적 검약한 집안의 딸 셋 중 장녀로 태어난 나는 집안 살림이 넉넉지 않았기에 뭐든지 허리띠를 졸라매며 살아야 했다. 어린 시절 용돈을 받는다거나 갖고 싶은 것을 가져 본 기억이 없다. 반면 나에 비해 동생들은 갈수록 나아진 집안 살림 덕분에 상대적으로 여유 있는 삶을 향유했다. 어려서부터 나는 부모로부터 여유 있는 삶을 물려받을 일은 애초에 없다고 생각했다.

내 인생은 내 능력으로 개척할 수밖에 없다는 절박감에 가장 현실적인 방법은 일단 공부를 해서 꿈을 이루는 것이라고 판단했다. 가열하게 달렸다.

아이러니하게도 대학 입학과 함께 집안 형편이 더 나아졌음에도 불구하고 부모님은 남은 두 동생에 대한 투자에 여념이 없었다. 나는 내 용돈과 학비를 벌기 위해 한 달에 5명의 과외를 하는 등 아르바이트로 점철된 인생을 살고 있는 반면, 두 동생들은 부모님으로부터 넉넉하게 용돈을 받으며 제대로 10대의 삶을 누리고 있었던 것이다.

대학에 들어와 보니 세상은 더 불공평했다. 나보다 열심히 노력한 것 같지 않은데, 더 많은 걸 누리는 친구를 보면 '이런 말 안 되는 일이 있을까' 절로 억울한 생각이 들었다. 가족 안에서도 삶이 이토록 불공정한데, 세상 밖은 더 그러할 것이란 걸 깨달았다. 나는 더 치열해졌다.

내 인생은 결국 그 이상도 그 이하도 아닌 딱 내가 노력한 만큼 이뤄내는 삶을 타고난 '팔자'라는 결론을 내리자 모든 것이 단순해졌다. 부모님 원망도 세상 탓도 모두 의미 없다는 걸 너무 어린 나이에 깨달은 걸까?

나는 모든 것을 내 힘으로 처리하는 '자립 대마왕'으로 거듭났다. 아주 잠시 백마 탄 왕자가 나타나 이 팍팍한 삶에서 나를 구해 주는 상상도 해 봤지만 올지 안 올지 모르는 왕자를 기다리는 것보다 어떻게든 능력 있는 사람으로 거듭나 내 삶을 바꾸는 것이 더 빠르겠다고 생각했다. 당연히 다른 사람에게 도움을 구하는 데 인색했고 묵묵히 혼자 해내는 것에 익숙했다. 그런 시간이 거듭되다 보니 어느새 나는 혼자 모든 일을 알아서 해야 직성이 풀리는 사람이 되어 있었다.

빈틈없어 보이는 내게 어느 누가 먼저 손을 내밀어 주었겠는가. 물론 최선을 다한 지난날에 후회는 없지만 꽤 오랫동안 나는 조금 더 풍족했다면, 조금 더 똑똑했더라면, 조금 더 세상 밖을 보며 여유를 가졌더라면 같은 아쉬움을 떨칠 수 없었다.

그런 불편한 마음에서 놓여난 건 기자 생활을 시작하고도 10년이 훨씬 지난 뒤다. 취재를 위해 수많은 사람들을 만나면서, 보이는 것이 전부가 아니며 결국 인생이란 얻는 게 있으면 반드시 잃는 게 있다는 사실을 깨달았다. 내게 부족한 것은 어느 순간 무언가로부터 반드시 채워지는 것이 세상의 이치였다. 마치 제로섬(Zero-sum) 게임처럼 말이다.

내 손으로 삶을 이끌어가는 '성숙한 자유'

직업 특성상 지금도 나는 세상 모든 사람이 부러워하는 금수저들을 지척에서 볼 기회가 종종 있다. 태어나 울음을 터뜨리는 순간부터 왕좌의 자리를 차지하기 위해 형제자매와 경쟁하기 시작한 그들의 삶은 우리가 생각하는 것보다 훨씬 더 치열하고 고단하다 못해 서글프다. 갈수록 추가되는 각종 규제와 사회 견제, 자고 일어나면 생겨나는 경영 위해 요소들은 항상 존재해 왔다. 피를 나눈 형제자매를 눌러야 내가 사는 서바이벌 환경에서 한 번이라도 마음을 나눈 적은 있었을까. 사돈의 팔촌까지 금수저들에게서 떨어지는 부스러기 한 조각 하나 얻을까 각종 민원은 계속될 것이고 대중은 그들의 일거수일투족에 시선을 걷어내지 않을 것이다.

한번은 술이 취한 지인이 친구인 재벌 3세에게 "우리 클럽에 놀러가자"라고 해서 주변에 큰 웃음을 준 적이 있다고 말했다. 그 재벌 3세 친구는 "야, 우리 회사 직원이 2만 명이야"라고 웃음 섞인 농담을 하면서 평생 남들 가봤다는 대중 술집, 나이트클럽 등은 꿈도 꿔보지 못하고 살았다고, 자신은 손발이 묶여 있지 않지만 단 한 번도 자유를 누려 본 적이 없다고 토로했다는 것이다.

학벌, 재력, 외모 무엇 하나 부족하지 않은 그들을 보며 누구나 한 번쯤 생각하지 않을까. 나도 저런 삶을 살아 보고 싶다고, 같은 환경에 태어났더라면 내가 저들보다 더 잘했을 거라고.

하지만 나는 모든 걸 다 갖춘 이 완벽한 금수저들이 과연 진정으로 행복한 삶을 살고 있을지 의문이다. 이미 다 가졌으니 소유에 대한 즐거움도 없고 사람을 성장케 하는 인생의 쓴맛도 잘 모른다. 가져 보기 위해 올라가기 위해 노력하려는 마음을 먹어 본 적이나 있을까. 해외 어디든 전용기를 타고 가는 사람들이니 비즈니스석 한번 탄 기념으로 잠 한 숨 안 자고 온갖 기내식을 즐기며 인증숏을 남기는 재미를 알 턱이 없다. 어쩌다 받은 보너스로 부모님 용돈을 챙기는 뿌듯함, 적금 붓듯 돈을 모아 여행을 떠나는 즐거움, 주말 오후 서점 귀퉁이에 앉아 신간을 훑어 보는 작은 여유, 평수를 넓혀 이사 가는 재미 등 생의 길목 여기저기에 숨어있는 소소한 '사는 맛'은 평생 맛볼 수 없을 것이다. 되레 매일 변하는 세태와 기업을 지켜내야 한다는 압박감에 밤잠 설치는 날이 많지 않을는지.

취재 중 알게 된 수천억 원대 자산가는 침대에 눕기만 하면 머릿속에 수백억 대 계약이 어른거려 한순간도 숙면을 취한 적이 없다고 했다. 한때 한없이 가정적이었던 그는 회사 규모가 커질수록 일상이 바빠져 모든 걸 돈으로 해결하려고 했고, 100평짜리 펜트하우스에 고급 리조트까지 갖추고 있으면서도 아내와의 불화로 이혼을 목전에 두고 있다. 재벌가와 결혼한 한 기업인은 매일 새벽마다 불러내는 장인 때문에 심장병까지 얻었다며 불행함을 호소하다 결국 이혼 도장을 찍었다. 모든 금수저들의 이야기는 아니지만 나는 그들을 보며 전생에 얼마나 많은 죄를 지었길래 재벌로 태어났을까 하는 우스갯소리를 하곤 한다.

얻는 게 많을수록 잃는 것도 많고, 지킬 것이 많으면 그만큼 자유로운 삶과는 멀어진다. 반대로 가진 게 없다면 노력으로 이뤄가는 기쁨과 오로지 내 손으로 삶을 이끌어가는 성숙한 자유가 뒤따른다. 만일 내가 지나치게 풍족한 집안에서 태어났더라면 하루하루 최선을 다해 살면서 작은 것

하나하나 소유해가는 즐거움을 몰랐을지 모른다. 부족함이 많은 탓에 채우려는 노력을 할 수 있었고, 애초부터 도와 주는 사람이 없었기에 홀로 모든 문제를 해결해가며 주체적으로 살아갈 뚝심도 생겼다. 뒤늦게 깨달았지만 내가 모자라기에 남의 부족함도 이해할 수 있고, 남을 도운 것이 내게 2배가 되어 돌아온다는 우주의 진리도 알게 되었다.

세상에 공짜가 없다는 말은 무언가 얻었을 때 대가를 꼭 치러야 한다는 뜻만은 아니다. 내게 없는 것은 무언가를 통해 채워지게 마련이며, 내가 모를 뿐 비어 있는 부분을 대신할 무언가가 반드시 자신 안에 내재해 있다.

그런 눈으로 세상을 바라보면 남을 부러워할 일도 내 인생을 개탄할 일도 없게 된다. 스스럼없이 다른 사람들과 손을 잡을 줄도 알게 되고 혼자 빨리 가는 외로움보다는 함께 멀리 가는 기쁨도 맛볼 수 있다. 갖고 있지 않은 것에 미련을 두기보다는 즐거운 마음으로 기꺼이 먼저 내어 주며 살아보자. 풍요로운 삶은 바로 거기에서 시작된다.

#비면채워지고가득차면넘치는게인생

믿음은 상대 스스로
더 좋은 사람이 되게 한다

　취재차 만났다가 이제는 나와 자매처럼 가까워진 K상무는 우리나라에서 몇 안 되는 대기업 여성 임원 중 하나다. 자기관리부터 조직경영까지 본받을 점이 많은 그녀와 언젠가 함께 저녁식사를 하던 중이었다. 잠깐 전화를 하더니, 유독 친근한 말투로 통화를 이어간다.
　"큰엄마, 오늘은 좀 늦을 것 같아요. 식사 잘 챙겨 드시고 아이들 좀 부탁드려요."
　큰어머니가 집에 와 계시느냐고 물었더니 그녀가 말한다.
　"아니, 집안일 도와주시는 아주머니야. 우리집 식구들은 모두 큰엄마라고 부르거든."

의아해하는 내게 그녀가 말을 이어갔다. 입주 도우미로 소개받았지만 처음부터 가족이라 생각하고 그분을 맞이했단다. 자신을 대신해 집안 살림과 아이들을 돌봐 주는 분이니 가족의 자격을 부여하는 게 당연하다고 생각했고, 남편과 아이들에게도 '큰엄마'라 부르며 믿고 따르게 했다고. 말뿐 아니라 정말 엄마처럼 믿으며 살아온 지가 벌써 10년인데, 이제 그분 스스로 정말 집안의 큰엄마처럼 온 식구를 가족처럼 돌봐 주고 계시다는 거였다. 이른 새벽 청과물 시장에서 직접 장을 봐 상을 차리는 건 물론 아이 친구 문제까지 나서서 해결해 주고 틈틈이 모아둔 쌈짓돈으로 직접 아이들 생일까지 챙길 정도니 그 마음 씀씀이가 고맙다는 것이었다. 집에서 기다릴 큰엄마를 위해 따로 케이크를 주문한 그녀가 말했다

"믿는 만큼 좋은 사람을 얻는 법이야."

자리가 사람을 만든다고 하지만, 그보다는 믿음이 사람을 만든다는 게 좀 더 정확한 표현인 듯싶다. 물론 그녀가 운 좋게 좋은 분을 만났을 수도 있지만 '큰엄마'라고 믿고 따르는 신뢰가 그분으로 하여금 정말 한 가족을 책임지는 집안의 어른으로 거듭나게 한 계기가 아니었을까.

사람을 뜻하는 한자 '인(人)'은 모양 그대로 사람이 서로

의지하며 살아가는 존재라는 걸 상징적으로 보여 준다. '인간(人間)'이라는 단어 역시 우리가 '사람 사이'에서 살아갈 수밖에 없는 사회적 존재라는 걸 말해 주는 셈이다.

주변에 좋은 사람이 넘쳐나는 비결

나는 사람 사이, 즉 인간관계에서 가장 중요한 것이 서로 간의 믿음이라고 생각한다. 모든 관계의 근간이자 시작은 상대에 대한 믿음이며, 진심 어린 신뢰는 상대로 하여금 더 나은 사람으로 성장하게 한다. 믿음에 부합하는 사람이 되기 위해 스스로 노력하고 책임을 다한다는 뜻이다. 결국 그 수혜는 먼저 마음을 열고 믿음을 보여 준 사람에게 돌아온다.

언젠가 후배가 내게 물었다.

"선배 주변에는 늘 좋은 사람들이 넘쳐나는데, 그 비결이 뭐예요?"

내 대답은 단순했다.

"상대의 장점을 믿어서 아닐까."

정말 그렇다.

누군가 "아무도 신뢰하지 않는 자는 누구의 신뢰도 받지 못한다"라고 했다. 누군가를 믿는다는 건 큰 용기를 필요로

하지만, 그 용기 없이는 어느 누구의 마음도 얻을 수 없다.

그래서 나는 사람을 만날 때 어떻게든 그 사람의 좋은 점을 발견하려고 애쓴다. 쉽게 말해 믿을 만한 구석, 이 사람과 관계를 이어갈 수 있게 하는 내적 동인을 스스로 찾는 거다. 신기한 것은 믿고자 마음먹은 순간 상대의 좋은 점이 너무 잘 보인다는 것이다. 자연히 만남이 유쾌해지고 관계는 서로 힘이 되어 주는 모습으로 발전해간다.

기자들 사이에서 까다롭고 불친절하기로 유명한 모 기업 홍보부장이 있다. 사실 나는 지난 몇 년간 그녀가 그런 평가를 받는지조차 몰랐다. 첫 대면에서 완고하다는 인상을 받긴 했지만 오히려 그것이 원리원칙을 제대로 지키는 그녀만의 장점이 될 수도 있겠다 싶었다. 사족 없이 할 말만 하는 것도 불쾌하지 않았다. 서로 바쁘기는 매한가지인데 쓸데없는 인사치레를 하지 않아도 되니 말이다.

그렇게 마음을 열고 보니 그녀는 사실 겉으로만 무뚝뚝할 뿐 속정 넘치는 사람이었다. 그녀와의 인연은 벌써 10년째, 우리는 함께 믿음의 역사를 만들어 왔고 언제 어디서나 연락을 해도 항상 같은 마음으로 응대한다. 내가 기사 및 칼럼거리가 없어 찾고 있을 무렵 어찌 알았는지 '이게 얘기가 된다'며 귀띔을 해 주는 사람도 그녀. 나에 대해 외부에서 지지하는 발언을 하고 응원해 주는 사람도 역시 그녀다.

최근에 그이와 만났을 때, 의외로 사람들이 당신의 그런 따뜻한 면을 모른다고 넌지시 말했더니 그녀가 답했다.

"맞아요. 저, 그런 사람. 당신 부탁만 그렇게 들어드리는 겁니다. 희한하게 부장님한테는 저도 모르게 그렇게 되네요."

대부분의 사람이 인간관계로 힘들어한다. 고민을 들어 보면 십중팔구가 사람 문제다. 그런데 복잡다단해 보이는 사람 사이의 문제는 의외로 답이 간단하다.

바로 마음의 빗장을 열게 하는 것이다. 다만 하나 기억할 것은 마음의 문고리는 바깥이 아닌 안쪽에만 달려 있다는 것. 즉 남이 억지로 열 수 없다는 것이다. 상대 스스로 마음의 빗장을 열게 하려면 방법은 하나다. 내가 먼저 내 마음을 여는 것이다.

매일 가짜 뉴스가 쏟아지고 무차별적으로 낚는 보이스피싱이 판을 치는 세상에 상대를 먼저 믿고 마음을 열라는 말이 시대착오적으로 들릴지 모르겠다.

그러나 불신의 시대이기 때문에 오히려 신뢰의 가치가 빛나지 않겠는가. 의심이나 계산 따위로 관계를 유지하면 결국 피곤한 건 나 자신이다. 싫어도 좋은 척, 피곤해도 괜찮은 척하려니 얼마나 골치 아프겠는가. 무엇이 정말 나를 위한 것인지 잘 따져 보면 답은 간단하다. 혼자 모든 문제를 싸안고 독불장군 식으로 살아가든 신뢰로 무장된 든든한 우군들의 보호를 받으며 살아가든 선택은 오직 내게 달렸다.

#믿는용기를내면사람을얻는다

나이 들수록
남 안 풀리는 게 내 눈물이 된다

 2018년 유엔이 발표한 '세계행복보고서'에 따르면 우리나라의 행복지수는 10점 만점에 5.875점으로 조사 대상 157개 나라 중 57위다. 중간은 넘는다고 생각할지 몰라도 국내총생산(GDP)이 세계 12위라는 걸 감안하면 행복지수는 경제 수준에 비해 한참 떨어진다. 경제협력개발기구(OECD) 가입국만 두고 본다면 34개국 중 32위로 거의 꼴찌 수준이다. 한국인 중 상당수가 먹고사는 정도에 비해 현실에 대한 만족도도 떨어지고 미래도 희망적으로 보지 않는 것이다. 대체 이유가 뭘까?

행복학의 창시자 에드 디너(Ed Diener) 교수와 긍정심리학의 권위자 마틴 샐리그만(Martin Seligman) 교수가 「매우 행복한 사람(Very happy)」이라는 제목의 재미있는 논문을 발표한 적이 있다. 두 사람은 약 200명을 대상으로 행복지수를 측정한 다음 상위 10%에 속하는 사람들의 특징을 분석했다. 그 결과, 그들을 행복하게 하는 요인 즉 행복하지 않은 다른 사람들과 구별되는 특징은 돈이나 건강, 명예 따위가 아닌 '관계'였다.

행복지수가 가장 높았던 사람들은 그렇지 않은 사람들에 비해 혼자 있는 시간이 절대적으로 적었고 일과 중 상당 시간을 다른 사람들과 교류하는 데 보내고 있었다. 또한 늘 사람들에게 둘러싸여 있을 만큼 깊고 풍부한 관계망을 갖고 있었고 친구나 지인 사이에서도 평판이 좋은 것으로 나타났다.

보고서니 연구 결과니 거창하게 이야기를 꺼냈지만 결국 결론은 간단하다. 떼부자가 되든 높은 지위에 오르든 혼자서는 결코 행복해질 수 없단 얘기다. 나이 드신 분들이 흔히 배고프고 힘들어도 옛날이 더 좋았다라고 하는 것이 그냥 괜한 소리는 아니다. 콩 한 쪽이라도 나눠먹고 싶은 누군가가 있고, 슬픔이든 기쁨이든 함께할 사람이 있다는 것. 그것이 행복의 기본 조건이다.

그래서 나는 친구나 가까운 지인은 물론 나를 아는 주변 모든 사람들이 잘 되기를 정말 바란다. 그들의 삶이 온전하고 행복해야 오랫동안 나의 인생 지기로 함께 할 수 있고, 나 역시 그들에게서 힘과 용기를 받을 수 있기 때문이다. 행여 내게 좋지 않은 감정을 가진 사람이더라도 잘 돼야 하는 건 마찬가지다. 스스로 삶에 만족하고 행복한 사람은 타인에 대해서도 너그러운 법. 그들 스스로 행복하면 시기와 질투 같은 내게 돌아올 부정적 관심도 사라질 테니 말이다. 행복한 이들이 남을 헐뜯는데 에너지를 쏟을 일은 없지 않겠는가. 결국 내가 오랫동안 행복하려면 나를 둘러싼 모든 이가 잘 살고 행복해야 한다는 얘기다.

내 주변이 잘 되어야 하는 이유

몇 해 전, 여고시절부터 가깝게 지내온 한 친구가 남편의 사업 부도로 갑자기 사정이 어려워졌다. 한동안 모든 연락을 끊고 지내다 몇 년 만에 나타난 친구의 모습은 보기에도 안쓰러울 만큼 초췌했다. 오랜만에 나타난 그녀는 경제적 결핍이 마음에까지 이르렀는지 "아이들을 돈으로 키우면 맘이 편하냐, 인스타그램 사진은 일부러 자랑하려고 올려놓느냐"라며 노골적으로 비아냥을 넘어선 비난을 했고, 결국 연락하기를 꺼려하던 그녀와 자연스럽게 멀어졌다.

얼마 전에는 사회생활 중에 가깝게 지내게 된 후배 한 명이 회사를 그만두게 되었다며 연락을 해왔다. 패션업계에 종사하며 최신 트렌드 등 재미있는 이야깃거리들을 알려 주던 친구였는데 이혼의 충격을 극복하지 못하고 유학길을 택했다는 것이다. 새로운 출발선상에 선 그녀가 다시 일어설 수 있게 되기를 진심으로 바랐지만 사회생활을 하면서 많은 부분을 공감하던 소울메이트를 멀리 떠나 보내게 되어 가슴 한구석이 뻥 뚫린 듯 이루 말할 수 없이 공허했다.

또 깨달았다. 나 혼자만 잘 된다고 행복한 것이 아니구나, 내 주변이 잘 되어야 서로 행복을 주고받고 그 크기를 키울 수 있는 것이구나. 기업들의 인사이동이 몰려 있는 연말만 되면 슬픔과 기쁨이 교차한다. 여기서 누군가는 승진을 하고 또 누군가는 월계관을 쓰고 또 누군가는 짐을 싸서 집으로 가기도 한다. 평소 큰 오라버니처럼 의지해온 굴지의 화장품 회사 대표와 유통업계에 한 획을 그은 대표가 같은 해에 고문으로 발령을 받으며 현직에서 물러났.

그동안 우리 셋은 오전 7시 주기적인 조찬 모임으로 우정을 도모했고, 실제로 시너지가 났다. 그러나 일터에서 만난 사회적 관계인지라 현업에서 마주치지 않으면 아무래도 소원해지는 법. 든든한 지원군들이 있을 때 탄탄했던 해당 기업과의 관계도, 우리의 모임도 예전만큼 활발하지 않아 안타까울 따름이다.

이기적인 계산법을 가동해도 내 주변이 잘 되면 내가 받아먹을 떡고물이 늘어난다. 거꾸로 주변이 안 되면 내가 도움 받을 일이 그만큼 줄어든다.

그래서 나는 지인들이 좋은 곳에 취직하면 내 일처럼 기쁘다. 그가 누리는 것을 함께 누릴 기회가 늘어나서다. 그들의 승진도 감사하다. 지인이 더 파워풀한 자리를 지킴에 따라 내 인맥의 파워도 커지니 말이다.

아울러 곳간에서 인심 나는 법이다. 꼭 눈에 보이는 물건이 아니더라도 잘 되는 사람에게서는 좋은 에너지가 나온다. 반대로 잘 안 풀리는 사람으로부터 우울하고 부정적인 에너지가 나오는 것은 당연지사다. 타인의 일에 손수 나서서 돕는 '오지라퍼'는 결국 자신을 돕기 위해 적극적인 사람이다. 남 잘 되는 것, 그리고 누구를 돕는 것 모두 나를 위한 것이라고 생각을 바꿔 보는 것은 어떨까.

#오지랖이행복의크기를키운다

주는 사람이 성공한다

꽤 오래 알고 지낸 자산가가 있다. 서울에서 가장 비싸다는 강남의 주상복합 아파트에서 남부럽지 않게 잘 살고 있는 그는 사실 평범한 샐러리맨이다. 무일푼으로 상경해 대학시절 내내 공사판 아르바이트로 학비를 충당하다가, 다행히 취직에 성공해 보증금 1천만 원짜리 단칸방 월세에서 사회생활을 시작했다. 대한민국의 수많은 '김 팀장' 중 하나로 물려받은 유산이 있는 것도 아니고 특출난 재주도 없는 그가 어떻게 자산가 반열에 오를 수 있었을까?

비결을 묻는 이들에게 그는 이렇게 말한다.

"나 혼자 돈 벌 생각하기 전에 어떻게 남을 도울 수 있을까 고민하다 보니까 저절로 돈이 따라왔다. 돌멩이 하나를 보고도 저 돌멩이가 누구한테 가면 도움이 될지 먼저 생각했다."

김 팀장의 별명은 '지니'다. 〈알라딘과 요술램프〉에 등장하는 램프의 요정 지니처럼 그는 늘 주변 사람들로부터 이런저런 요청을 받고 어떻게든 그 일을 해결해 주기 위해 동분서주한다.

사업 제안서 초안을 직접 잡아 주는 등 남 일을 자기 일처럼 고민하는 것은 물론이고 새로운 인맥이 생길 때면 그 사람을 위해 자신이 무엇을 할 수 있을지를 궁리해 지인들을 적극적으로 연결해 준다. 그런데 아무런 연결고리가 없는 듯 보이는 사람들을 한 데 모아 합심케 하는 과정에서 예기치 않은 비즈니스 모델이 우후죽순으로 생겨났고, 그중 몇 개가 살아남아 적지 않은 수익을 내고 있다.

김 팀장의 역할은 그저 교량을 만들어 준 코디네이터 정도였지만 애초에 그가 없었더라면 성사되지 않았을 일들이었다. 그렇게 궤도에 오른 사업이 벌써 다섯 개가 넘는데, 한 아이템 당 평균 몇 백만 원씩의 수익을 가져다 주니 매달 받는 회사 월급은 그저 용돈 수준이 되어 버렸다.

신기한 것은 애초에 계산하면서 남을 도운 것이 아니라는 것이다. 할 수 있는 내에서 최선을 다해 돕고는 자기가 도왔다는 사실조차 잊고 지냈는데 그렇게 도움을 받은 이들이 꼭 다시 자신을 찾더란다. 흥부에게 박씨를 물어다 준 제비처럼 뜻하지 않은 선물을 들고 말이다.

돌이켜 보면 나 역시 램프의 요정 '지니' 노릇을 떠안고 살아왔다. 어느 회사 대표가 "심 부장은 내가 아는 한 아시아에서 가장 바쁜 여자"라고 할 만큼 정신없는 일상을 보내고 있지만, 하루 일과 중 최소 20퍼센트 정도는 타인의 일을 돕는 데 할애하고 있다.

주변인이 안 되는 걸 못 보는 성격 탓인데, 한때 나는 그런 내 성향이 너무 싫었다. 회사 일하랴 집안일하랴 대학원 공부하랴 몸이 두 개여도 모자랄 판에 남 일까지 나서서 해결하려니, 늘 100미터 경주를 뛰듯 숨이 가빴다. 시켜서 하는 것도 아니고 내가 자청했으니 누구를 원망할 수도 없는 노릇. 그런데 그렇게 내 일처럼 남을 돕다 보니 어느 순간 그 수혜를 내가 받고 있었다.

심리학에 '상호성의 원칙'이라는 것이 있다. 사람은 어떤 형태로든 타인에게 호의를 받으면 그에 상응하는 보답을 하려는 마음을 갖게 된다는 것이다. 누군가에게 생일선물을 받으면 나 역시 상대의 생일을 기억했다가 선물하는 것과 같은 이치다.

이런 부채의식이 얼마나 강력한지 영어의 '신세를 졌습니다(Much obliged)'라는 문장이 '감사합니다(Thank you)'와 같은 말이고, 고맙다는 표현인 일본어 '스미마셍(すみません)'은 '폐를 끼쳐서 죄송하다'는 의미로, 미래에 상대에 대한 의무를 다하겠다는 뜻을 내포할 정도다.

'테이크'는 접어두고 '기브'만 생각하자

그런데 나는 이런 상호성의 원칙이 '하나 주고 하나 받는' 식의 단순 계산은 아니라고 본다. 받을 걸 미리 계산하고 의도적으로 베푸는 호의를 상대가 모를 리 없기 때문이다. 오히려 베풀지 않느니만 못한 결과를 초래할 수도 있다.

대가를 바라지 않는 호의일수록 상대에게 더 오래 강하게 지속되고, 강력한 미래의 의무감으로 작용하는 법이다. 내 주변에 잘 되는 사람들을 보면 하나같이 돌아올 것을 생각하지 않고 베푸는 특징을 지녔다.

이왕 도울 거면 '테이크'는 접어두고 '기브'만 기억하자. 테이크를 계산하면 지는 양보가 되지만, 기브로 만족하면 이기는 양보가 된다. 그런 베풂은 뜻하지 않는 수확이 되어 돌아오고, 그렇게 채워진 곳간에선 더 큰 인심이 생겨난다.

선의의 베풂이 만들어내는 선순환인 셈이다.

  거창할 필요도 없다. 시작은 그저 내가 할 수 있는 작은 일 하나면 족하다. 기억도 못할 작은 일 하나로 좋은 일이 생겨나는 기쁨을 경험해 보지 않은 사람은 모른다.

#테이크는접어두고기브만기억하자

긍정적 셀프, 내가 하는 말을 내가 믿게 된다

유치원 선생님이 아이들에게 예절교육을 시킬 때 들려 주는 이야기가 있다. 친구와 싸워 뿔이 난 한 아이가 집 옆 산에 올라가 허공에 대고 소리를 질렀다.

"이 바보 멍청이야!"

그러자 맞은편에서 메아리가 울렸다.

"이 바보 멍청이야!"

놀란 아이는 엄마한테 달려가 산에서 자기에게 바보 멍청이라고 소리 지르는 나쁜 녀석이 있다고 말했다. 엄마는 아이 손을 잡고 산에 올라가 아이에게 이렇게 말해 보라고 일러 주었다.

"예쁜아, 사랑해."

이번에 아이는 바보 멍청이란 말 대신 사랑한다는 따뜻한 말을 들을 수 있었다.

우리가 정말 알아야 할 모든 것은 유치원에서 배웠다는 말이 정말 맞는 듯싶다. 인생도 메아리와 다를 게 없다. 씨를 뿌리면 응당 열매를 맺는 법. 특히 내가 한 말은 어떤 형태로든 내게 고스란히 돌아온다. 스스로 하는 혼잣말조차 함부로 해서는 안 되는 이유다.

얼마 전 모 기업에 근무하는 후배가 상의할 일이 있다며 찾아왔다. 입사 이래 처음 팀장을 맡게 되었는데 팀원들의 업무 능력이 현저하게 떨어져 고민이라는 것이었다. 무엇부터 손을 대야 하는지 의견을 구하는 후배에게 오히려 내가 물었다.

"너는 팀원들을 믿고 있니? 그 친구들은 네가 자기들을 믿고 있다고 여길까?"

아무 대답을 못하는 그에게 내가 내린 처방은 하나. 가장 먼저 팀원들에게 하는 말을 바꿔 보라는 것이었다.

'이것 밖에 못하느냐' '부족하다' '이래선 안 된다'라는 말 대신 '잘하고 있어' '최고야' '너를 믿어' 같은 말을 억지로라도 써 보라는 것. 외부인이나 동료들에게 그들을 소개할 때에도 할 수 있는 한 가장 좋은 찬사를 써 보라고 덧붙였다.

후배는 답답한 얼굴로 돌아갔지만 한 달이 채 지나지 않아 전혀 달라진 얼굴로 만날 수 있었다.

후배가 던진 첫 마디.

"선배가 왜 말부터 바꾸라고 하셨는지 알겠어요."

처음엔 의식적으로 속에도 없는 말을 하려니 힘이 들었단다. 하지만 얼굴에 철판을 깔고 계속 좋은 말을 쓰다 보니 그 말들이 다시 되돌아왔다고 했다.

잘하고 있다는 말을 들은 후배들은 시키지도 않은 일을 나서서 하기도 하고, 손발이 오그라들지만 애써 '최애한다(최고로 애정한다)'는 말을 전했더니 '사랑에 보답하도록 열심히 해 보겠다'는 답신이 돌아오기도 했다.

또 하나, 동료나 외부 사람들에게 후배들을 최고의 '드림팀'이라며 한껏 추켜세웠단다.

그 결과 그때까지 본 척 만 척하던 사람들조차 자신의 팀을 눈여겨 보기 시작했고 부지불식간에 정예 멤버로 회자되기에 이르렀다는 것이다.

그간의 일을 신나서 설명하던 후배가 마지막으로 한마디 했다.

"정말 신기한 건 나 스스로 팀원들을 믿게 되었다는 거예요. 그게 제일 좋아요. 이제는 다른 팀에서도 부러워 하는 최강의 팀이 되었어요."

수식어를 다는 쏠쏠한 재미

말을 바꿔 보라고 제안했을 때 내 의도가 바로 그것이었다. 말이라는 것이 참 놀라워서 상대는 물론 그 말을 한 당사자조차 변화시킨다. 말 자체가 내가 처한 현실에 그대로 투영되어 내 마음까지 바꿔놓는 것이다.

이런 현상을 심리학에선 '자기 충족적 예언'이라고 하는데, 이와 관련해 사회학자 윌리엄 토머스(William Isaac Thomas)는 '사람이 어떤 상황을 말로 규정해 버리면, 그 결과에 있어 그 상황이 실제가 된다'라고 말했다. 사람은 객관적인 상황에 반응하는 것이 아니라 자신이 해석한 상황에 반응하게 마련이고 그런 반응들이 모이면 자기가 해석한 그대로 상황이 전개된다는 것이다.

생각해 보자. 내 입에서 나온 말을 가장 먼저 듣는 게 누굴까. 상대에게 가기 전에 그 말을 가장 먼저 듣는 건 다름 아닌 나 자신이다. 그래서 내가 하는 말은 그 말을 듣는 상대뿐 아니라 말을 직접 하는 당사자의 몸과 마음에 가장 먼저 영향을 준다.

서울백병원 정신건강의학과 우종민 교수는『뒤집는 힘』에서 "우리의 뇌는 언어와 현실을 구분하지 못한다"라며 그렇기 때문에 "평소 하는 말이 우리 몸과 마음에 그대로 투영된다"라고 했다. 무의식적으로 뱉은 말이라도 청각기관을 통해 뇌에 그대로 입력되고, 그 소리 정보에 맞춰서 몸도 마음도 한발 앞서 변화시킨다는 것이다. 만일 누군가에게 '사랑해' '잘하고 있어' '최고야' '멋져'라는 말을 계속하면, 그 예언이 상대의 행동에 강력한 동기부여가 되어 변화를 일으키는 것은 물론 그 말을 한 자신 역시 상대를 '사랑스러운 사람' '잘하는 사람' '최고인 사람' '멋진 사람'으로 인식하게 된다.

　그래서 나는 의식적으로 누군가를 부를 때 '사랑하는 ○○님' '존경하는 ○○님' '능력 있는 ○○ 씨' '애정 하는 ○○야'라는 표현을 쓴다. 처음부터 이런 닭살(?) 돋는 멘트를 남발했던 것은 아니다. 어느 순간부터 도움을 받고 있는 내가 상대에 대해 고마움을 표현하려다 이런 수식어 멘트를 사용하게 된 것이다.

　수식어를 다는 재미는 쏠쏠하다. 상대의 특징과 장점을 콕 찍어야 하니 관찰력도 생긴다. 물론 듣는 상대의 성향과 지위 고하에 따라 수식어 첨가 여부도 달라지긴 하지만, 처음 쑥스러워하던 이들도 듣다 보면 익숙한지 나와 같은 단어를 쓰기 시작한다.

'착한 ○○' '웃을 때 예쁜 ○○' '든든한 막내 ○○' 등 수식어는 떠올려지는 상대의 느낌에 따라 다양하게 변주해 볼 수 있다.

휴대전화나 컴퓨터 메신저에 저장해놓은 이름들도 하나같이 예쁘고 좋은 수식어를 달아 놓았다. 좋은 감정을 불러일으키는 이모티콘도 이름 앞뒤에 한가득 붙여둔다. 말을 하든 메신저를 하든 가장 먼저 접하는 건 다름 아닌 나. 효과는 놀라워서 자꾸 그런 말을 보고 들으니 일단 내 안에서 상대를 긍정적으로 세뇌하게 된다.

당연히 갈등이 생길 일이 줄고 오히려 시너지가 난다. 더욱이 내가 그대로 사용한 수식어는 또 나에게 붙여져 돌아왔다.

"사랑하는 희정 님, 존경하는 부장님"

결국 내가 뱉은 말의 가장 큰 수혜자는 나 자신인 셈이다. 내가 한 말이 어떤 변화를 가져오는지 한번 확인해 보자. 생각보다 변화의 파장은 크다.

#사랑하는누구야가주는기적

'촉'의 파트너는 관심과 사랑, 호기심이다

불확실한 미래를 살아가는 데 여러 가지 역량들이 필요하다. 자신 내부에 역량이 부족하다고 생각하는 나약함 때문에 어딘가에 의존하려 하다 보니 점이나 사주 혹은 재미 삼아 타로카드로 위안을 받기도 한다. 사실 미래를 잘 헤쳐 나갈 수 있다는 자기 확신과 용기만 있다면 자신을 믿는 것만큼 확실한 것도 없다. 여기서 종교는 논외다.

자신에게 확신을 가질 수 있는 가장 강력한 역량은 다름 아닌 세상을 읽어낼 수 있는 통찰력, 인사이트, 시쳇말로 '촉'이다. 촉을 세우고 있으면 나쁜 것은 쳐내고 좋은 것은 낚을 수 있다. 날카로운 촉의 소유자는 시시각각 변하는 미래를 완벽히 예측할 수는 없지만 무언가 오기 전의 신호와 징조를 '느낌적인 느낌'으로 알 수 있을 것이다.

선천적으로 촉이 무딘 사람도 있고 예민하게 타고난 사람도 있겠다. 설사 태어날 때부터 인사이트가 강한 사람조차 수련과 노력이 수반되지 않고서는 죽기 전까지 100년의 시간 동안 날카로운 촉을 간직하긴 힘들다. 예리한 칼도 무뎌져서 갈고닦아야 서슬 퍼런 날카로움을 유지할 수 있는데, 하물며 안정을 추구하는 인간은 말할 나위도 없다. 신내림을 받은 무속인들조차 그 신기를 유지하기 위해 항상 산과 바다를 찾으며 기도하고 깨어 있으려고 노력한다.

고여 있는 물은 썩게 마련으로 계속 흘러야 하는 것처럼 우리의 촉이 촉다움을 유지하도록 깨어있자.

하이리히 법칙(Heinrich's Law)에 따르면 대형 사고가 발생하기 전에 그와 관련한 수많은 경미한 사고와 징후들이 반드시 존재한다고 한다. 즉 삶에서 어떠한 일이 발생하기 전에 징조를 알아차려서 이를 미약하게나마 대응하고 피해갈 수 있는 사람을 아마도 우리는 현자라고 부르는 것 같다.

촉을 세우고 사는 것은 기존의 것을 우려먹고 소진하면서 사는 삶이 아니라 새로운 것을 계속 받아들이고 깨어있으면서 세상의 움직임에 대해 나를 열어놓는 것이라고 생각한다. 이 같은 과정을 통해 축적된 지혜를 이용해 스스로 삶의 길을 열어 가면 인생의 문제를 조금이나마 남보다 쉽게 해결할 수 있지 않을까.

그리스 신화에 나오는 기회의 신 카이로스(Kairos)는 발가벗은 상태란다. 카이로스 앞 모습은 사람들의 눈에 잘 띄고 쉽게 잡을 수 있도록 머리가 무성하다. 하지만 아이러니하게도 뒷머리는 대머리인 탓에 한 번 지나가면 다시 붙잡을 수 없게 했다. 어깨와 발에는 날개까지 달려 있다. 순식간에 날아가 버리려고. 손에는 칼과 저울을 들고 있다. 카이로스를 맞닥뜨렸을 때 저울과 같이 정확한 판단을 내리고 칼과 같이 신속한 의사결정을 하라는 거다.

그래서 정신 똑바로 차리고 깨어있지 않으면 기회를 잡을 수 없다는 것이었나. 문제는 우리는 카이로스가 와도 잘 알아 보지 못하고 어떤 때는 그가 지나가는 것조차도 모르는 경우도 많다.

그러니 어느 때 카이로스가 나타날지 모르는 만큼 촉을 세우고 준비하고 있어야 한다. 언제 어디서 튀어 올라올지 모르는 두더지 머리를 방망이로 때리는 '두더지 사냥'이라는 오락게임을 하듯 말이다.

촉이란 어려운 게 아니다. 촉의 파트너는 '관심과 사랑, 호기심'이다. 무게중심을 나 자신으로 두고, 나를 둘러싼 주변에 관심을 갖고 그냥 마음과 머리를 열어 놓는 것에서 시작한다. 그리고 내 가족을 넘어서 친구, 지인, 회사, 사회, 전 세계, 우주를 향해 역시 마음을 열어 놓고 그들에 관심을 가지면 된다.

촉을 키우는 방법

촉을 갈고닦기 위해서는 인풋(Input) 즉 무언가를 계속 집어넣어 수시로 나를 리뉴얼해야 한다. 외부에서 지속적인 수혈이 없으면 촉은 다시 무뎌지고 쓸모가 없어진다. 인풋은 여러 가지 방법을 통해 가능하다. 세상이 어떻게 돌아가고 있는지 그래서 어떤 세상이 펼쳐질 것인지에 대해 미디어를 통해서건 책이건 좋은 사람들이 모임이건 언제 어디서든 정보를 받아들인다는 자세와 더불어 정보의 바닷속에 뛰어들어야 한다.

모임이 없다면 직접 소모임을 만들어도 좋다. 내가 패션 쪽에서 일하고 있다면 뷰티나 호텔, 자동차 등 나와는 좀 무관한 다양한 직업군의 지인들을 모아 '수다방'을 만들어 이야기를 나누다 보면 정보들이 털려 나온다. 아주 사소한 정보가 나를 변화시킬 단초가 될 수도 있다.

지금 나는 아직 어리고 젊지만 그들과 함께 '사회하다' 보면 10년이 지난 어느 날 이들은 우리 사회 곳곳의 허리를 이루고 있을 것이고, 또 10년이 지났을 때 그들은 요직에서 사회를 주무르고 있을지 모른다. 그게 바로 황금인맥이다.

기자들이 만나는 사람들은 대부분 다른 매체의 기자나 홍보팀에 국한되어 있는 편이어서 스스로 노력하지 않고서는 인맥의 대부분이 홍보 관계자들의 울타리를 벗어나지 못한다.

인풋의 정보에서 한계성을 지닌 나는 다양한 직업군의 인맥을 만들기 위해 부단히 노력했다. 지인들로부터 소개받는 것을 게을리하지 않고 내가 모르는 분야라면 모두 나보다는 전문가라고 생각해 한없이 몸을 낮추고 경청했다. 새로운 정보와 지식을 습득하는 즐거움에 전문가들이 풀어놓는 대화 보따리를 스펀지처럼 빨아들이는 재미가 쏠쏠했다. 눈을 동그랗게 뜨고 귀 기울여 들으니 상대는 더욱 탄력을 받아 자신이 가진 교양 정보를 쏟아 내느라 입에 침이 마르곤 했다. 플로리스트, 발레리나, 큐레이터, 와인전문가, 유통회사 CEO, 호텔리어, 공무원, 바리스타, 변호사, 교수 등 인풋을 해주는 직업군은 갈수록 확장되고 있다.

전문대학원이나 대학에서 운영하는 6개월 단기 강좌 등을 통해 다양한 직종의 사람을 만나거나 교양 지식을 수혈하는 방법도 있다. B기업의 R홍보부장은 대학원을 선택할 때 언론과 관련한 과가 아닌 디자인미술학과를 선택했다. 평소 만나는 사람의 폭이 기자나 홍보실, 마케팅, 광고담당자에 그쳤는데, 전공과 무관한 이 수업을 통해 대학을 갓 졸업한 20대부터 다양한 연령대의 새로운 인맥 스펙트럼 덕분에 활력 있는 아이디어가 용솟음친다고 말한다. 실제로 1년 전 그의 모습과 지금을 비교하면 훨씬 앳된 모습으로 변해 있었고, 대화를 나눌 때도 콘텐츠 전문성이 훨씬 더 파워풀해졌다는 것을 느꼈다.

내가 만난 CEO들은 수시로 인문학 강좌를 들으며 통찰력 훈련에 상당한 시간을 할애하고 있다. 내로라하는 T 명품 회사 대표는 일반적으로 생각하면 저녁에 항상 약속 장소에 있을 것 같지만 럭셔리 마케팅의 '에지(일명 엣지·Edge)'를 유지하기 위해 퇴근 후 대학을 찾아 6개월 단위로 미술, 세계사 등의 인문학 강의를 들으며 애쓰고 있단다. 그의 경우처럼 저녁 수강이 쉽지 않은 CEO들은 조찬 모임을 활용하는 경우도 많다. 호텔업계에 오랫동안 몸담아온 S 고문은 한 달에 한 번 지인 20여 명과 함께 사비를 털어 강사를 초빙해 소모임 인문학 수업을 받으며 경영의 지혜와 인사이트를 기르는 일에 20대 젊은이들보다 훨씬 더 적극적이다.

요즘에는 주 52시간 근무제에 따라 기업에도 공간과 시간에 대한 혁신이 활발한 가운데 기업들이 직원들의 역량 향상과 자기계발을 돕는 인문, 교양 강좌나 기술 교육 클래스 등을 여는 경우도 많아졌다. 부동산 경매, 소믈리에, 바리스타, 논어 강좌 등 정말 다양한데 이런 기회들을 십분 활용해 자신을 계속 발전시켜 나가는 것도 좋은 방법이다.

여러 가지 인풋 중의 또 하나는 '젊은 감각'이다. 이는 싱그러운 촉과 동안을 유지하는 절대적 비밀 중의 하나다. 생각이 젊어야 행동도 젊고 자연스럽게 외모도 어려 보이게 된다.

식상한 얘기지만 학교 선생이나 교수들이 같은 또래보다 마인드도 젊고 어려 보이는 이유다. 20대 때부터 쭉 알고 지내온 한 광고대행사 대표는 지금 40대 후반이지만 언제나 자신의 나이보다 10살씩 어려 보였다. 내가 29살이던 당시 나보다 겨우 2살이 많은 그녀에게 동안의 비결을 물었던 기억이 난다. 그녀에게서 "생각을 젊게 하면 돼"라는 뜬금없는 대답이 돌아와 나를 허탈하게 했는데, 삶의 굽이굽이마다 항상 그 현답이 떠오르곤 한다.

사실 젊은 감각을 유지하는 일은 혼자 노력으로 될 일이 아니다. 신문, 방송을 통해 젊은 친구들의 트렌드를 파악하는 것은 한계가 있다. 항상 나보다 어린 친구들과 활발한 교류를 통해 그들의 언어, 감각, 관심사, 트렌드, 생각 등을 공유함으로써 오픈 마인드를 유지하는 게 '꼰대' 소리 안 듣고 이 빠르게 변하는 세상을 살아가기 쉽게 만드는 지름길이다.

#세상의움직임에나를열어놓는다

스스로 투자해서 명품으로 거듭나는 건
결국 나를 위한 일이다.
외면으로나 내면으로 스스로 발전하는 사람의 인생이
그렇지 않은 사람보다 행복하다는 것은 두말할 필요도 없으니 말이다.
나에 대한 투자는 투자 가치가 제일 높다.
주식이나 부동산 따위는 변동성과 리스크가 있지만
나에 대한 투자는 무조건 사라지지 않고 내게 평생 남는 것이니
이보다 더 수익률이 보장되는 것이 있을까.
또 하나 기억할 것은 자신에게 투자할수록
열등감이나 질투, 시기심이 저절로 사라진다는 것이다.
스스로 멋진 모습으로 거듭나는 것에 집중하느라
다른 사람을 쳐다볼 틈이 없다.
오히려 내 성장을 위해 남이 잘 되는 것을
진심으로 기뻐하고 서로 상생을 추구하게 된다.

[5장]

나는 '나 긍정주의자'로 살기로 했다

"내 몸아, 고맙다"

　자신의 몸을 있는 그대로 사랑하는 자기 몸 긍정주의가 확산되면서 아름다움에 대한 인식도 많이 변했다. 혹독한 다이어트를 감행하거나 꽉 끼는 코르셋으로 몸을 가리거나 인위적인 보디라인을 만드는 것 등 내 몸이 불편하지만 이를 감내하고 획일적인 아름다움을 좇는 것에서 있는 그대로의 자신을 받아들이고 인정하고 내세우는 트렌드가 젊은 층의 호응을 크게 얻고 있다. 그러나 이는 자신에게 너무 엄격한 잣대를 들이대지 말고 나에게 여유를 좀 갖자는 의미로 나의 몸을 방치하자는 말과 동의어가 아니다.

그동안 우리를 돌아 보면 남에게는 립 서비스라도 '멋지다, 예쁘다, 잘했다, 좋아 보인다'는 말을 의식적으로 많이 하는 편이다. 분명 속으로 친구가 새로 산 옷이 내 눈에 들지 않더라도 '잘 어울린다'는 달콤한 속삭임을 해 주며 내 동료의 작은 외적 변화에도 민감하게 반응해 주는 일이 적지 않게 있을 것이다. 특히 남자 지인들에게는 더욱 후하다. 유별나게 잘 생기지 않았다고 하더라도 무조건 허우대가 멀쩡해 보이면 '훈남'의 호칭을 붙여 준다. 얼굴이 크던, 허리가 길던 사실 알 바 아니다. 좋은 게 좋은 거니까.

왜 나에게는 진검승부를 벌일까?

그러나 거울 앞에선 나에게는 참 혹독하다. 오늘따라 눈이 부었고, 눈썹은 다듬지 않아 지저분하며 손톱은 시간이 없어 네일숍을 못가 발가벗겨진 것 같아 어디에 내놓기 부끄럽다. 살아온 흔적을 그대로 받고 있는 나의 발은 또 어떤가. 힘줄이 튀어나온 발 또한 살아있는 '나이테'다. 어제 없던 눈가 주름이 생긴 것 같고 배가 조금 더 나온 것 같다. 다리는 또 왜 이렇게 잘 붓는 것일까. 오늘 치마 입기는 글렀다.

타인은 모두 훈남, 훈녀로 고평가해 주면서 나 자신을 두고는 왜 이토록 진검승부를 벌이는 것일까. 그러다 가장 사랑하는 나 자신을 날카로운 검으로 찌르게 생길 판이다. 나에 대한 너그러운 자기 몸 긍정주의도 사회적 트렌드로 자리를 잡고 있는 판국에 내 몸의 구석구석을 좀 아껴 보면 어떨까. 가장 쉬운 립 서비스로 말이다. 돈과 에너지가 드는 것도 아니고 누군가를 희생하는 일도 아니며 타인에게 손가락질 받는 일도 아니다.

나는 하루 한 차례 나를 종일 지탱시켜 준 내 몸 구석구석에게 고마움을 표시한다. 샴푸를 하기 전에 리프팅을 시켜 주는 머리빗으로 앞에서 뒤로, 뒤에서 앞으로 머리를 빗어 준다. 그리고는 항상 힘겹게 나를 위해 풀가동하는 '머리야 애써 줘서 고맙다'고 말을 뱉는다. 나도 듣고 내 머리도 듣고, 땅이 듣고 하늘이 들으니 온 우주가 듣는다. 얼굴에 로션을 바르면서 오늘도 좋은 것을 보게 해 준 '나의 눈아 고맙다', 나쁜 것을 전하지 않고 좋은 말만 하려고 노력하는 '나의 입아 고맙다'라고 말하는 습관을 들여 보는 것은 어떨까. 발과 다리를 보디로션으로 마사지하면서 '하루 종일 고단했던 나의 발과 다리야, 나를 위해 뛰어 주어서 고맙다'라고 말이다.

내가 아는 중소기업의 한 여성 CEO는 죽어가는 화초도 살려내는 기적의 손이다. 시들어 가던 난도 그의 집에 가서 그의 '입김'만 닿으면 기적처럼 살아나는 것으로 유명하다. 비법을 물었더니 그는 화초에 맞는 적절한 물과 영양분을 주는 것에서 더 나아가 진심을 담아 고운 말을 해 주는 것 밖에 다른 비결은 없다고 말한다.

"화초들에게 예쁜 말을 해 줍니다. 예쁘다고 속삭여 주고 잘 자라 줘서 고맙다고 쓰담쓰담 해 주고 나와 오래오래 행복하게 살자고 진심을 다해 얘기하거든요. 사실 이런 애정 표현을 식물을 대상으로 하고 있지만 내 귀가 듣고 있으니 나를 위해 하는 말들이기도 하지요."

거실 한편에 예닐곱 개 화분으로 시작한 그의 작은 정원은 베란다로 옮겨져 작은 식물원이 되었다고 한다.

실제 부산대 의학전문대학원 인문사회의학교실 김성수 교수팀은 식물에게 진심을 담아 한 긍정의 언어가 무심하게 하는 말보다 식물 성장을 촉진하는 효과가 크다는 사실을 밝혀내 화제가 된 바 있다. 흔히 볼 수 있는 잡초인 '애기장대'를 키우면서 각각 매일 2차례 긍정과 부정의 말을 10번씩 들려주고 9일이 지나 무게를 재 봤더니 진심이 담긴 긍정의 말을 들은 애기장대는 그렇지 않은 것보다 무게가 더 나가고 줄기와 뿌리가 튼튼한 것으로 나타났다.

심지어 식물도 칭찬을 하면 긍정적인 반응이 오는데 하물며 주인을 위해 매일 뛰어 주는 내 몸의 구성 요소는 오죽할까. 나의 눈, 코, 입, 귀, 손, 발에 하는 칭찬 세례는 어차피 나 혼자 듣는다. 그러니 부끄러워하지 말고 고맙다고, 더 뛰어 달라고, 항상 너를 믿는다고 해 보는 것은 어떨까. 이게 바로 진정한 자기 몸 긍정주의 아니겠는가.

#사람은꼴값을한다

명품이 아닌
나에게 투자하라

20대 시절, 명품 백에 꽂힌 적이 있다. 신제품을 살 능력은 안 되니 중고 사이트를 열심히 뒤졌는데, 몇 날 며칠을 찾아봐도 내가 사고 싶은 명품 백은 하나같이 품절이었다.

희한하게 '품절'이라는 표시를 본 순간 갖고 싶은 마음이 눈덩이처럼 불어났다. 얼마나 인기가 있으면 하나도 안 남기고 다 팔렸을까. 결국 몇 달 치 월급을 꼬박 모아 가방 하나를 샀다.

난생 처음 명품 백을 메고 보니 왠지 더 맵시가 나는 것 같고 주변 시선도 달라진 것 같았다. 그런 행복한 착각 속에 다닌 지 한 일주일쯤 됐을까. 가방을 둘러메고 만원 지하철에서 내리는데 무릎에 힘이 풀려 버렸다. 가방 옆구리가 칼로 찢겨있는 게 아닌가. 소매치기였다. 울며불며 집에 돌아와서는 밥도 못 먹고 뜬눈으로 밤을 새우고 말았다. 매장을 찾아 수선을 하긴 했지만 찢긴 자국이 그대로 남은 명품 백은 동네 슈퍼에 갈 때도 들고 나갈 수 없었다. 몇 달간 장롱 속에 넣어뒀던 가방은 결국 동생 손에 들리고 말았다.

그때 크게 깨달았다. 아무리 값비싼 명품이라도 한번 망가지면 그걸로 끝이고, 찢긴 명품 백은 장바구니로도 쓸 수 없다는 것을.

결국 남는 건 내 몸 하나뿐이었다. 그래서 마음먹었다. '명품 걸칠 생각 말고, 스스로 명품이 되자.'

내 몸은 누가 훔쳐 갈 수도, 망가뜨릴 수도 없으니 돈을 쓰려면 나 자신에게 쓰는 게 현명한 선택이 아니겠는가.

어느 날 친한 후배가 조언을 구했다. 소개팅 한 남성이 마음에 드는데 어떻게 하면 그가 자신에게 관심을 보일지 물었다.

"너 스스로 만족할 만한 수준이 되어 보렴. 그렇다면 상대가 누군진 중요치 않을 거야."

일단 자신에게 적극적으로 투자하라고 제안했다. 그러나 소개팅 상대는 그녀에게 관심을 보이지 않았고, 결국 둘의 관계는 유야무야됐다.

  후배는 이를 터닝포인트로 자신을 명품화하는 프로젝트에 돌입했다. 명품 백, 명품 구두에서 시선을 거두고 스스로를 들여다보기 시작했다. 키가 큰 그녀는 굳이 신지 않아도 되는 힐을 집어던지고 자기에게 어울리는 플랫슈즈를 신기 시작했고, 그와 동시에 여드름 치료를 받기 시작했다. 독서 모임에 가입해 1주일에 2권씩 최신작들을 섭렵해 나가기도 했다. 주말이면 좋은 전시회를 다니면서 틈틈이 스포츠댄스를 배워 몸치 딱지도 뗄 수 있었다.

  그러기를 수개월. 그녀는 온갖 패션 잡지를 보며 신상 명품을 줄줄이 꿰던 과거의 모습에서 벗어나 평소 꿈꾸던 이상적인 모습으로 변신했다. 거기에 내적인 콘텐츠까지 강화되니 그 누구를 만나도 자신감이 넘쳤고, 주변 지인들은 몇 단계 업그레이드된 그녀에 맞춰 소개팅 남성의 수준도 높이기에 이르렀다. 스스로 명품으로 거듭나니 만나는 남성의 수준도 한층 높아진 것이다.

  자신에게 투자하면 내가 만날 수 있는 인생 동반자의 반경도 넓어진다. 우연히 멋진 남자를 만나는 건 드라마에서나 일어나는 일이다.

  잠만 자고 있는 숲속의 공주를 사랑하는 왕자는 더 이상 존재하지 않으며, 아무 생각 없이 낯선 할머니로부터 사과를 받아먹는 백설공주는 멍청하다고 싫어하는 게 요즘 밀레니얼(Millennial) 세대 왕자다. 왕자가 있으면 좋겠지만 없어도 그다지 아쉬울 게 없다고 여기는 게 또 밀레니얼 세대 공주다.

투자 가치가 제일 높은 건

이렇게 말하면 나를 상품화하는 게 아니냐며 반기를 드는 사람도 있을 것이다. 그러나 스스로 투자해서 명품으로 거듭나는 건 결국 나를 위한 일이다. 외면으로나 내면으로 스스로 발전하는 사람의 인생이 그렇지 않은 사람보다 행복하다는 것은 두말할 필요도 없으니 말이다.

나에 대한 투자는 투자 가치가 제일 높다. 주식이나 부동산 따위는 변동성과 리스크가 있지만 나에 대한 투자는 무조건 사라지지 않고 내게 평생 남는 것이니 이보다 더 수익률이 보장되는 것이 있을까. 또 하나 기억할 것은 자신에게 투자할수록 열등감이나 질투, 시기심이 저절로 사라진다는 것이다. 스스로 멋진 모습으로 거듭나는 것에 집중하느라 다른 사람을 쳐다볼 틈이 없다. 오히려 내 성장을 위해 남이 잘 되는 것을 진심으로 기뻐하고 서로 상생을 추구하게 된다.

그러나 많은 사람들이 자신에 대한 투자를 등한시하며 산다. 그 옛날 나처럼 단순히 명품 가방이나 남들에게 과시할 만한 옷, 액세서리를 사는 것이 진정 자신에게 투자하는 것이라고 착각하는 이들도 있다.

비가 오면 어떠한 가격으로도 환산할 수 없는 나 자신은 뒷전인 채 짝퉁일지언정 수백만 원이나 하는 명품 가방을 가슴에 품고 달리고 있지는 않은가.

가방이나 시계, 액세서리는 당장 훼손되거나 도둑을 맞을 수 있지만 나라는 몸과 정신은 남는다. 그러니 명품을 사들여 내 외적 가치를 높이는 것은 나 자신의 밀도를 높인 후에 해도 늦지 않다. 이것이 바로 명품 찾기 전에 스스로 명품으로 거듭나야 하는 이유다.

#백이아닌내가명품이다

누군가에게 나는
아직 새파랗게 젊은 나이다

　인터넷 서점의 검색창에 '마흔'이란 단어를 쳐 보면 자기계발서부터 소설에 이르기까지 국내 도서만 무려 3백 권 이상 뜬다. '마흔 앓이'를 호되게 하는 사람이 그만큼 많다는 반증일 게다. 마흔을 목전에 둔 서른아홉의 나도 그랬다. 100세 시대니 인생 2모작이니 하는 얘기들은 귀에 들어오지도 않았다. 20대부터 몸 관리를 하며 철저하게 40대를 준비해왔건만, 마흔이라는 꼬리표를 단 순간 내 안의 여성성이 모두 증발해 버릴 것 같은 상실감이 가슴을 후볐다. 앞으로 나를 지칭할 '중년'이라는 말도 버거웠다. 철없는 행동이나 실수는 더 이상 용납되지 않으며, 평생 통통 튀는 상큼한 이미지의 여성으로 살고 싶은 소망도 추억으로 접어야 한다는 생각에 서글퍼졌다.

한편으론 남의 시선을 의식하느라 찬란한 청춘을 마음껏 누리지 못한 것에 화가 치밀었다. 눈이 부시게 젊은 시절을 기자 답지 못해 보일까 봐 여성성을 감추기 위해 원피스나 치마는 멀리했으며 센 척 아는 척 다 해가며 나를 강하게 포장하는 데 온갖 공을 들였다. 일은 또 얼마나 열심이었던지 남들 다 가는 휴가마저 쓰지 못하고 자진 반납할 정도였으니 생각할수록 억울했다.

그렇게 온갖 원망과 분노에 젖어 살기를 수개월. 어느 날 밤새 뒤척이다 새벽녘에 일어나 화장실 거울에 비친 내 얼굴을 마주 봤다. 낯설었다. 매일 주어진 하루에 충실하며 1분 1초도 소중히 하던 나는 온데간데없고, 아직 닥치지도 않은 미래의 일을 끌어다 켜켜이 마음에 쟁여놓고 있는 미련한 여자가 흐리멍덩한 눈으로 나를 응시하고 있는 게 아닌가. 찬물을 뒤집어쓴 것처럼 정신이 번쩍 들며 문득 20여 년 전 외할머니와 어머니가 주고받던 얘기가 머리를 스쳤다.

당시 어머니는 50대, 할머니는 여든을 앞두고 있었다. 나이 들어 온 몸이 쑤시고 힘들다고 투정하던 어머니에게 할머니는 이렇게 말했다.

"내가 네 나이면 뭐든 못할 게 없겠다. 두 다리로 지구를 열 바퀴 돌 수도 있겠어."

당시 어린 마음에도 분명히 깨달았던 기억이 떠올랐다. '나이 오십, 육십, 칠십도 누군가에는 부러운 나이다. 심지어 2~3살 어린 것도 부러운 마당에. 죽기 전까지 누군가에게 우리는 항상 부러움을 사는 나이겠구나.'

당시 할머니가 그렇게 부러워하던 50대의 어머니 나이보다 무려 열 살 이상 더 젊었음에도 불구하고 나는 혼자 쓴 시나리오로 관객도 없는 연극을 해가며 자기 연민에 빠져 있었던 것이다.

행복은 주어지는 것이 아님을

그렇다. 내가 지금 몇 살이든 간에 이 순간이 내 생애 가장 젊고 아름다운 때다. 2019년 100세를 맞은 철학자 김형석 연세대 명예교수는 한 방송매체와의 인터뷰에서 "인생 전체를 통틀어 98세가 가장 보람된 시기"라고 말했다. 98세 1년간 두 권의 책을 집필하고 160여 차례 강연을 했단다. 집필을 통해 스스로에게 온전히 집중하고, 강연을 통해 다른 이의 삶을 풍요롭게 해 주는 한 해를 살았던 것이다.

그는 나이를 먹을수록 행복은 주어지는 것이 아니라 만드는 것이라며, 그 방법에 대해 이렇게 말하기도 했다.

"행복은 인격에서부터 시작합니다. 인격이란 나에 대해 성실하게 사는 것, 그리고 타인에 대해 사랑을 가지는 것입니다."

서른아홉의 매서운 겨울바람을 맨몸으로 겪고 어느덧 사십 대 한복판에 선 지금, 어느 노학자의 담담한 고백에 뼛속 깊이 공감한다. 마흔의 고개를 넘으며 잠시 방황하긴 했지만 지난 세월 그 어느 순간도 주어진 하루에 충실하지 않은 날이 없었다.

다행인 것은 나이가 들면서 더욱 스스로에게 집중하게 되었고, 타인과 더불어 사는 삶에서 오는 충만감도 깨닫게 되었다는 점이다. 20대, 30대에는 가질 수 없었던 넓은 시각과 깊은 이해심으로 나 자신은 물론 다른 이도 사랑할 수 있게 되었다.

서른아홉 겨울 시곗바늘을 부여잡고 싶던 마음이 남아있기는커녕 지금은 이십대의 젊은 시절로 돌아갈 수 있다고 해도 절대 사절이다. 크고 작은 우여곡절 끝에 마흔을 넘어서지 않으면 절대 알 수 없는 인생의 의미를 다시 처음부터 되짚어 찾아가는 것은 한 번이면 족하다.

지금의 나를 온 마음으로 수용하고 사랑하게 되어서일까.

나를 오랜 시간 지켜 봐온 지인들은 이십 대의 나, 삼십 대의 나보다 사십대의 강을 건너고 있는 지금의 내가 훨씬 더 매력적이고 건강해 보인다고 말한다.

중요한 것은 내 생애 가장 젊은 날인 오늘을, 누군가에게는 항상 부러운 현재의 나를 온전히 누리는 일이다. 지금 이 자리에서 내가 할 수 있는 일, 하고 싶은 일에 최선을 다해 보자. 세상에서 가장 소중한 나를 사랑한다는 마음으로 아낌없이 투자해 보자. 죽는 날까지 평생 젊음을 유지하는 방법은 단 하나, 오늘의 나에게 집중하며 온 마음으로 사랑하는 것뿐이다.

#내생애가장젊은오늘을누려

나는 목숨 걸고 자기관리한다

살면서 내가 한 투자 중 최고 수익률이라고 자부하는 것 중 하나가 사회생활 초창기부터 바깥의 대상이 아닌 피부(나)에 투자해온 것이다. 지성피부를 타고난 나는 중학교 때부터 여드름을 달고 살았다. 대학 시절에는 가뜩이나 울긋불긋한 얼굴에 모공까지 넓으니 남자친구는 나의 애칭을 '딸기'라고 붙여 줄 정도였다.

또래 친구들이 뽀송뽀송한 아기 피부로 젊음을 만끽할 때 나는 두꺼운 메이크업으로 여드름을 가리느라 전전긍긍하던 기억이 난다. 미팅 장소는 항상 전날 미리 사전답사를 할 정도로 예민하게 골랐는데, 거친 피부가 잘 드러나지 않는 조명이 잘 된 곳을 찾기 위해서였다고 이제야 고백해 본다. 아르바이트로 겨우 학비와 용돈을 대던 때라 학생이 피부 관리를 받는다는 건 상상도 못하던 시절이었다.

신문사에 입사해 밥벌이를 하게 되니 나를 위한 투자를 할 여력이 조금 생겼다. 10년을 그림자처럼 따라다닌 여드름을 떼놓기 위해 새벽부터 줄을 서 잘한다는 한의원에서 침을 맞기도 하고 여드름을 잘 짠다는 피부 관리숍을 찾기도 했지만 좀체 좋은 피부를 갖게 되긴 힘들었다. 그러다 서른을 앞둔 가을 선배의 소개로 난생처음 피부과 문턱을 넘었다. 처방약을 복용하고 여드름 케어 프로그램을 받은 지 한 달 보름 만에 여드름에 가려져 있던 내 본연의 얼굴이 드러나기 시작했다. 여드름으로 뒤덮여 보이지 않던 눈 코 입의 윤곽이 서서히 나타났고 심지어 어려 보이는 효과도 얻었다. 하루하루 달라지는 모습에 성형을 했느냐고 묻는 이도 있었다. 얼굴을 가리느라 안경을 이용하거나 주말에 모자를 쓰고 다니던 내가 그런 말을 들으니 없던 자신감이 생겨났다. 20여 년 만에 처음으로 내 모습이 마음에 들었던 거다.

그때 결심했다. 먹을 것 입을 것 아껴서 지금 모습을 유지하는 데 집중하자고. 용돈 쓰기도 빠듯한 박봉의 사회 초년생이었지만 '내 마음에 드는 나'를 오랫동안 간직할 수 있다면 이보다 더 남는 투자는 없을 거라 믿었다. 그렇게 십 년 넘게 나를 가꾸고 투자하는 데 적지 않은 노력을 하며 살아온 지금, 나는 당당히 말한다.

거울 앞에 선 나를 예뻐하는 것이 자존감 훈련의 첫걸음이라고.

외모를 가꾸는 사람에 대해 보수적인 시각을 가진 이들이 여전히 존재한다. 최근 획일화된 미의 기준에 맞추지 않고 자신의 몸을 있는 그대로 사랑하는 자기 몸 긍정주의 열풍이 대세지만 그냥 내게 투자하지 않고 내버려 두는 것을 뜻하는 것은 아닐 것이다.

외모에 투자를 할 시간에 속을 더 채우는 것이 옳다고 여기는 듯싶지만 사실 겉과 속은 동전의 양면 같다. 속이 별 볼 게 없는데 겉이 아름다울 리 없고, 겉이 매력 없으면 속조차 알고 싶지 않아서다.

특히 자신을 가꾸지 않는 사람은 대부분 게으르게 마련이어서 내적 가치를 채우는 것 역시 나태할 수밖에 없는 경우가 많다. 보이는 외모도 관리하지 못하는데 보이지 않는 내면을 가꾸겠는가.

그렇다고 남의 기준에 맞춰 나를 획일화시키란 소리는 절대 아니다. 외면이든 내면이든 나를 아끼고 사랑하는 마음으로 가꿔 가자는 말이다.

내 눈에 내가 예쁘게 보이는가

좋고 나쁘고를 떠나 외모는 내면을 평가하는 아주 쉽고 간단한 도구다. 중국 당나라 때 관리를 등용하는 시험에서 4가지 인물 평가 기준이었던 '신언서판(身言書判)' 중 2가지가 결국 사람의 외관에서 드러나는 몸과 말씨가 아닌가.

현대 많은 연구들도 매력적인 외모가 사회생활에 유리하다는 조사 결과를 내놓았다. 외모가 매력적인 사람을 보면 자동적으로 능력 있고 친절하고 정직하고 지적인 사람일 거라 판단하는 경향이 있다는 것이다. 신체적 매력 하나만으로 그 사람이 특별해 보이는 것, 이른바 '후광 효과'다. 후광 효과란 어느 누군가의 긍정적인 특성 하나가 그 사람 전체를 달라 보이게 하는 것으로 외모 역시 바로 그런 특성을 갖고 있다.

자기계발과 동기부여의 대가 지그 지글러(Zig Ziglar)는 필요한 경우 외모를 가꾸라고 단언한다. 건전한 자기 이미지를 형성하는 데 외모를 가꾸는 것이 큰 도움이 된다는 것이다. 주방기구 세일즈맨으로 사회생활을 시작한 후 수없이 좌절했던 그는 체중 17킬로그램을 감량한 후 몰라볼 만큼 긍정적인 자아상을 갖게 됐고, 그로 인해 남들이 자신을 인정하든 말든 당당해졌다고 고백했다.

피부 관리나 다이어트를 한 것만으로 갑자기 삶이 180도 바뀌었다고 말할 수는 없다. 하지만 한 가지 확실한 건 그것이 자신감의 단초가 되고 그로 인해 스스로를 돌보고 가꾸는 습관을 조금씩 늘려가게 되었다는 사실이다. 내 눈에 내가 맘에 들고 건강해 보이는 것이 무엇보다 중요하다는 걸 깨닫는 순간 감기에 걸리지 않기 위해 한여름 장마철에도 작은 스카프를 목에 두르게 되었고, 갑자기 몸에 이상 신호가 느껴지면 앓아눕기 전에 미리 링거 주사라도 맞을 줄 알게 되었다. 지쳐 쓰러질 것 같은 피곤한 얼굴로 자존감 운운하는 것도 말이 안 되거니와 건강하지 않은 몸으로는 나를 비롯해 사랑하는 가족과 지인들과도 즐겁게 지낼 수 없다는 걸 알았기 때문이다.

그래서 나는 필요하다면 지인들의 성형수술도 반대하지 않는 편이다. 자신감과 삶의 활력을 키우는 가장 빠르고 효과 있는 방법이니 마다할 이유가 없다. 매부리코가 콤플렉스인 사람이 코 수술로 자신감을 얻고 행복해졌다면 누가 탓할 수 있을까. 갑자기 불어난 체중 때문에 남과 눈 마주치는 것조차 꺼리던 여성이 운동과 다이어트 이후 액티브한 커리어 우먼으로 변신했다면 손뼉 칠 일이 아닐까. 이중 턱과 팔자주름으로 속을 앓던 한 남자 후배에게 한방성형외과를 추천한 적도 있다. 남모르게 물밑 작업 끝에 훈남으로 둔

갑한 그는 자신감을 발판으로 건강한 자존감과 긍정적인 마인드를 회복했다.

싱글 시절 자기 관리에 철저했던 잘 나가던 여성들이 결혼 후 출산하고 가정을 경영하며 자신을 놓는 경우가 적지 않다. 그들은 하나같이 입을 모아 "어디 갈 데도 없고 잘 보일 사람도 없다"라며 나를 업그레이드할 동력을 잃었다고 푸념한다. 내가 잘 보일 사람은 바로 나 자신인데 말이다.

남들은 못 알아 보지만 오늘따라 거울에 비친 나의 옷차림이, 머리가, 얼굴이 다른 날과 달리 마음에 안 들 때가 있어 퇴근하자마자 집으로 쏜살같이 달려가야지라고 할 때가 있다. 결국 남의 시선이 중요한 게 아니라 내 눈에 내가 좋아 보이는 게 우선이다.

남녀 불문하고 외모는 자기 이미지와 행동에 적지 않은 영향을 준다. 즉 외양에 따라 자신감이 상승하거나 반대로 잠재력이 해를 받는 것이다. 특히 여성들은 헤어스타일이나 화장만 좀 고쳐도 자기가 하는 일에 자신감을 갖고 스스로에 대해서도 긍정적으로 생각하게 되는 예가 많다.

자존감이 떨어지고 매사에 위축돼 있다면 우선 당장 눈에 보이는 외모부터 신경써 보자. 당연히 그 목적은 내가 나를 귀하게 여기고 사랑하게 하기 위해서다. 백날 명상을 하거나 남이 하는 얘기를 듣는다 한들 행복과 자존감이 찾아지던가. 내 눈에 내가 좋아 보이고 스스로 만족감을 느끼는 순간 많은 것들이 달라진다.

   그것이 내가 목숨 걸고 자기관리를 하는 진짜 이유다.

#나는나에게잘보이려관리한다

때로 나만의 동굴이 필요해

　존 그레이(John Gray) 박사는 『화성에서 온 남자 금성에서 온 여자』에서 남자들은 어떤 문제가 생겼을 때 동굴에 들어가 해결책을 찾을 때까지 나오지 않는다고 말했다. 만일 여자가 남자를 찾겠다고 따라 들어가면 동굴을 지키고 있던 용이 내뿜는 불길에 타 죽게 된다나.

　여자와 대비되는 남자의 특징에 십분 공감하지만 어디 남자만 동굴에 들어가란 법이 있나. 해결할 문제가 있든 없든 남녀 불문, 누구나 자기만의 동굴이 필요하다. 해독 다이어트로 몸 안의 독소와 노폐물을 깨끗이 걸러내듯, 자기만의 동굴에서 복잡다단한 머리를 비우고 마음을 재정비해야 하니까. 하루하루 주어진 일상에 최선을 다해야 하지만, 무작정 내달리기만 하면 어느 순간 목적도 방향도 없이 망망대해를 표류하는 자신을 발견하게 된다.

그래서 나는 후배들에게 종종 '무아의 시간'을 가질 수 있는 자기만의 동굴을 마련해 보라고 권하곤 한다. 외부와 내 안의 세계를 잇는 스위치를 끄고 모든 것으로부터 한 번쯤 놓여 보라는 뜻이다. 가족을 포함해 나를 아는 타인으로부터 완전히 격리되어 자유를 느낄 수 있다면 어디라도 좋다.

내가 자주 찾는 동굴은 에스테틱 피부과다. 학창시절부터 20대 후반까지 거의 15년을 여드름과 투쟁하며 살아온 탓에 처음에는 치료 목적으로 피부과를 찾았지만, 여드름과 작별한 지금도 한 달에 한 번 정도 나를 위한 선물로 잠시 쉬다 온다. 집에서조차 가족들과 함께라면 오롯이 혼자 있을 수 없기 때문이기도 하지만, 피부과 침대 위에서 잠시 쉬는 그 1~2시간 남짓이 내내 긴장 상태에 있던 몸과 마음을 빠르게 회복시켜 준다는 걸 알아서다. 그 짧은 시간에 10시간을 잔 마냥 세상모르게 숙면에 취하기도 하고, 어느 때는 생면부지의 관리사에게 속상했던 일을 털어놓고 마음을 해방시키기도 한다.

발레 교습소를 찾은 적도 있다. 표면적으로는 몸매 관리를 이유 삼았지만 사실 정신적인 피로감이 극에 달했기 때문이었다. 일에 대한 책임감에 사적인 문제까지 겹쳐 길을 걷다가도 한숨을 쏟아냈다. 이왕 찾을 동굴이면 환골탈태하자는 오기로 그 어렵다는 발레를 배우기 시작했는데, 효과는 놀라웠다. 처음에는 온갖 상념에 짓눌려 박자를 놓치기 일쑤였는데, 다른 사람에게 방해가 되지 않게 동작을 제대로 따라 하려니 다른 생각이 비집고 들어올 틈이 없었다. 우울감에 사로잡혀있기는커녕 어느 순간부터 발레를 시작한 동기조차 잊었다. 집중을 하면 할수록 더 잘하고 싶은 욕심이 생겼고, 균형 잡힌 이상적인 내 모습을 구체적으로 그리게 되었다. 일상이 주던 중압감과 내 의지로 해결 못할 문제 때문에 허물어져가던 몸과 마음이 어느새 이전보다 훨씬 좋은 상태로 회복된 것이다.

역사적으로 볼 때 우리가 아는 수많은 위인과 천재들은 이미 동굴의 중요성을 알았던 듯싶다. 철학자 칸트(Immanuel Kant)는 매일같이 산책을 즐겼고 세기의 천재 아인슈타인(Albert Einstein)은 책상 앞에 앉아 있는 시간 못지않게 바이올린 연주와 보트 여행을 사랑했다. 가만히 살펴 보면 그들이 남긴 위대한 발견은 정작 본인들의 전공과는 하등 상관없는 곳에서 휴식을 취할 때 이뤄진 경우가 많다. 고대 그리스 수학자 아르키메데스(Archimedes)가 외쳤다는 '유레카

(찾았다)'역시 고된 연구 중에 머리 식힐 겸 찾았던 목욕탕에서 나온 말이 아닌가.

때론 단호하게 멈추기

문제는 자기만의 동굴을 찾는 것이 생각만큼 쉽지 않다는 점이다. 어느 정신의학자는 현대인 대부분이 '아무것도 하지 않음'을 목말라하지만, 동시에 역설적으로 아무것도 하지 않게 될 순간에 대해 불안해하고 걱정한다고 말했다. 남들보다 더 빨리 가지는 못해도 뒤처지기는 싫은 탓이다. 하지만 밥을 먹으면 소화할 시간이 필요한 것처럼 뇌도 쉴 시간이 필요하다. 많은 뇌 전문가들이 말했듯 사람의 두뇌는 외부 자극이 없는 상태, 즉 긴장을 풀고 몽상을 즐길 때나 수면 등 휴식을 취할 때 정보를 재정비하고 자신의 것으로 체화한다.

일상을 떠나 잠시 동굴에 들어섰을 때, 우리는 그동안 겪은 것들이 어떤 의미를 지니는지 제대로 이해하고, 내가 지금 올바른 곳을 향해 나아가고 있는지 확인하게 된다.

그러다가 '지니어스(Genious)!' 갑자기 평소 찾아오지 않던 천재적인 생각이 번뜩 떠오르는 반짝임도 경험하게 된다. 그러니 단호하게 멈춰 보는 건 어떨까.

주기적으로 동굴 찾는 시간을 정해놓고 의식적으로 지킬 필요가 있다. 생산성 따위는 잊자. 그저 재미있고 편안하면 족하다. 혼자 영화 보기를 즐긴다면 집 근처 영화관이 은신처가 될 수 있고, 혼자 사는 사람에겐 휴대전화를 꺼놓은 내 방이 위안의 장소가 될 수 있다. 이참에 마음먹고 복싱이나 검도, 요가 등 건강도 지킬 수 있는 일석이조의 동굴을 찾을 수도 있다.

할 일이 태산이라 그럴 시간이 없다고 말하지 마라. 우리가 해야 하는 일 가운데 상당수는 사실 꼭 내가 아니어도 되는 것이며, 설혹 못했다 한들 큰일 나지 않는 것들이다. 오히려 멍 때릴 자유를 마음껏 누렸을 때 더 좋은 결과를 갖게 된다는 걸 경험해 보면 알게 될 것이다.

요새 나는 공방에서 가죽 공예를 배우고 있다. 내 손으로 무언가 직접 만드는 즐거움은 초등학교 때 이후 누려 보지 못했는데, 얼마 전에는 직접 만든 명함 케이스를 친구에게 선물하기도 했다. 앞으로도 나는 재밌고 즐거운 동굴을 계속 탐험하면서 멍 때릴 자유, 아무것도 하지 않아도 될 권리를 마음껏 누릴 작정이다. 무엇보다 소중한 나 자신을 위해 말이다.

#아무것도하지않아도될권리

마지막으로 그냥 주는 것 없이
나를 미워하고 질투하는 사람은 어떻게 극복해야 할까.
사실은 그런 사람과는 타협할 방법이 없다.
그냥 감히 따라올 수 없는 수준으로 나를 업그레이드하자.
완전히 다른 차원과 등급으로 그가 나를 따라올 수 없을 만큼
저 위로 껑충 뛰어올라 나를 시기하는 것이 남들이 보기에도
'그저 질투'로 보일 수 있도록 말이다.
일이건 능력이건 성격이건 외모건 모든 면에서
지속적인 업그레이드를 통해
그와 내가 차원이 다른 상황으로 만들어 버려라.
아무리 그가 나에 대해 험담을 하더라도
그는 그저 남을 부러워하는 질투녀, 질투남에 불과하도록 말이다.
생각만 해도 통쾌하지 않은가.

[6장]

"믿고 털어놓을 수 있는 선배가 필요해요"

– '심선배'가 들려 주는 사회생활 해법 Q and A 19

> **Q.** '편가르기'가 심한 조직인데, 사람들 이야기를 외면하기 힘들어서 이 얘기 저 얘기 들어 줬어요. 그러나 결과는 '박쥐'라는 오명. 앞으론 섬처럼 살아야 할까 봐요.

A. 20대 중반의 C씨는 대학 졸업 후 그렇게 꿈에 그리던 글로벌 화장품 회사에 입사하게 돼 떨 듯이 기뻤다. 어릴 때부터 집에서 홈메이드 화장품을 만들 정도로 화장품 마니아였고 대학 때는 친구들이 메이크업 아티스트를 하라고 권할 정도로 뛰어난 테크닉을 자랑했다. 뷰티 강국으로 떠오른 한국을 기반으로 글로벌 회사의 해외 지사에서 근무한 후 뷰티 성지인 유럽으로 진출하는 것이 그의 꿈이었다. 좋은 학교를 졸업한 그는 이미 자신이 선택한 업종에 대한 이해도가 높을뿐더러 열정 또한 둘째라면 서러울 정도였다.

그러나 회사 생활이 반드시 일만 잘한다고 술술 풀리는 것은 아니다. 월급에는 항상 인간관계에서 발생하는 스트레스처럼 목숨 걸고 직장 생활을 해야 하는 일종의 생명 수당(?)까지 포함돼 있는 것이다. 조직의 쓴맛을 모르는 사회 초년생인 그는 대부분의 직원이 여성들로 채워진 화장품 회사에서 잘 적응하기 위해 선배들이 하는 말에 언제나 귀를 기울이며, 그의 편에서 이야기를 들어 줬다. 한 번은 같은 부서에서 선배 A, B가 갈등을 겪고 있었는데, 그를 불러다 각자 자신의 입장을 토로하며 같은 생각을 공유할 것을 강요하는 것이 아니겠는가. 그는 A, B 모두를 상대로 거절할 수가 없어 동조만 해 주었다고 생각했지만, 시간이 지나면서 A와 B는 각각 C가 자신의 '편'이라고 생각하기에 이르렀다.

직장 생활에서 유치하게 편이 어디 있느냐고 묻겠지만 간혹 A의 노선에 설 것이냐 B의 노선에 설 것이냐를 원치 않게 강요받는 상황이 펼쳐지기도 한다. C는 결국 A와 B를 오가며 여기 붙었다 저기 붙었다 기회를 엿보는 '박쥐'로 몰렸다. 그는 그저 모두와 척을 지고 싶지 않아 좋은 게 좋은 것이라고 생각해 동조를 해 주었을 뿐인데, 여기서 끄덕, 저기서 끄덕하면서 지조 없는 사람처럼 몰리게 된 것이다.

내게도 비슷한 일이 발생한 적이 있다. 20대 중반 입사 2년 차였는데 당시 신문사는 편집국장 직선제를 했다. 아직까지 노선이 분명하지 않은 신참 기자였으니 얼마나 포섭하기 쉬운 상대였을까. 세 명의 편집국장 후보가 있었는데, 그들을 미는 10년 차 선배 3명이 돌아가면서 식사와 커피를 사주며 자신이 밀고 있는 후보자를 지지하는 이유를 설파했다. 판단력이 부족한 초년생 입장에서 들을 때마다 모두 공감이 되어 고개가 끄덕여진 게 사실. 나의 한 표가 아쉬운 선배들을 위해 나는 사실 진심으로 그들이 후보를 선택한 이유를 듣고 '공감'해 줬을 뿐이다. 그게 다였지만 그게 문제였다. 공감을 통해 내가 그들의 편이라고 생각토록 한 거니까. 설명을 잘 들어 주는 것이 배려이고 후배로서 의무라고 생각했다.

그러나 원래 해석은 자의적이다. 세 후보 진영들은 모두 내가 자신들을 선택할 것이라고 믿었었나 보다. 사실 어느 후보에게 표를 던졌는지는 생각도 나지 않는다. 입사 2년 차로서는 편집국에 어떤 편집국장이 필요한 지 알 수도 없었고, 후보자들의 성품과 능력에 대한 히스토리가 없는 상황에서 판단할 근거도 부족했기 때문이다. 나도 누구를 찍었는지 기억도 안 날 정도로 사실 무심한 선거판이었는데, 사람들은 내가 누구에게 표를 던졌는지 어떻게 알아내고는 선거 후 엄청난 비난을 쏟아냈다. 여기 붙었다 저기 붙었다 하는 '박쥐' 같다는 비난과 함께 말이다.

편 가르기가 심한 조직이 있기 마련이다. 외면하기 힘들어서 그저 이 그룹의 얘기, 저 그룹의 얘기를 들어 줬을 뿐인데 박쥐로 몰리는 경우가 있다. 그러나 귀를 막고 소통을 안 한 채 홀로 외딴섬에서 살 수는 없는 노릇. 다시 내가 20대 중반으로 돌아가면 어떤 행동을 취할까 자주 생각해 본다.

일단 누구든 편을 들어 주지 말자. 편이라 함은 맞장구를 치며 적극적인 성격의 동조를 해 주는 것이다. 동조한다는 착각의 실마리를 내보이면 안 된다. 상대는 그가 내 편이기를 바라기 때문에 나의 어떠한 신호도 긍정적으로 해석하고 싶어 한다.

"제가 지금 모 선배가 시킨 것이 있어서요" "몇 시까지 이것을 끝내지 않으면 안 되어서요"라고 자리를 피하거나, 이도 힘들다면 듣기만 한다.

"제가 뭘 아나요"라며 '모르쇠'로 일관하는 게 차라리 오해를 받지 않는다. 이때 정색하고 "나는 모른다"라고 하면 반발과 미움을 산다. 어색한 듯 순진하게 그냥 웃는다. 정말 모르는 바보처럼.

"대체 너는 누구 편이야" "너는 속을 알 수 없어"라는 말을 들어도 그냥 그런 말을 듣는 편이 낫다. 당장은 손발이 오그라들며 어찌할 바를 모를지언정 시간이 조금만 지나면 중립국가 스위스, 그리고 어떠한 컬러도 나타나지 않는 회색지대에 안전하게 자리한 듯 무색무취를 띠게 된다. 이게 낫다. A와 B 중 내가 A를 택하더라도 B에게는 항상 적이 된다. 괜히 A와 B 얘기를 다 들어 주고 공감했다가는 A와 B 모두에게 적으로 몰린다. 그냥 A와 B가 나를 적도 편도 아니라고 여겨 그냥 배제시키게 만드는 게 편하다.

괜히 다른 사람의 입장을 대변하지도 말자. A와 B 싸움에 행여 끼지 말라는 얘기다. 또 하나. 그들에게 제3자의 입장에서 객관적으로 평가하거나 충고할 생각도 하지 말지어다.

Q. 내게 충고해 주는 선배나 동기들. 나를 위한 조언이라고는 하지만 이상하게 뒤돌아서면 기분이 찜찜해요. 진짜 나를 위해 한 말인가, 저의가 의심스러울 때도 있어요. 그렇다고 이 사람과의 관계를 그냥 놓아 버리기는 싫은데, 어떻게 해야 이 찜찜한 마음에서 벗어날 수 있을까요.

A. 회사원 P대리는 동료 선배인 R과장과 대화를 나누고 돌아서면 항상 뒤통수가 당긴다. 분명 내용은 P대리를 생각해서 하는 조언들이다. 한 번은 P대리가 큰맘 먹고 일본 출장에 갔다가 70만 원짜리 선글라스를 사 가지고 온 것을 보고 R과장이 말했다.

"선글라스 알의 컬러가 옐로 계열이면 시력을 망가뜨려. 누가 그런 것을 권했는지 그 사람 참 한심하다"라며 P대리의 시력을 걱정했다. 거금을 주고 산 선글라스였으니 일본으로 돌려 보내 다시 환불할까 하는 생각까지 할 정도였다. 고민하던 P대리는 안경전문점을 찾아 실제로 선글라스 알의 컬러가 시력에 문제가 될 수 있는지를 문의했다. 결론은 이런 옐로 컬러는 브라운 계열로 시력에 자극을 주지 않는다는 거였다. P대리는 평소 짧게 유지해오던 머리를 기르기 시작했다. 앞머리를 길러 스타일을 완전히 확 바꿨다. 디자인을 전공했다는 R 선배는 또다시 '지적질'을 시작했다. "내가 스타일리스트 하려다 말았잖니. 넌 앞머리 있을 때가 더 나아. 지금은 좀 나이가 들어 보인다, 애."

다른 언론사의 후배 기자 A는 같은 부서의 B선배가 시시콜콜 사생활까지 간섭하며 조언을 하는 통에 피곤하다며 상담을 해왔다.

B선배가 분명 자신을 위해 조언을 하는 것은 알겠는데, 가끔씩 들어 보면 사생활 침해의 선을 아슬아슬하게 타고 있다는 것이다. '직장 내 괴롭힘 방지법'이 시행됐지만, 이처럼 애매한 경우가 아직까지 비일비재하다. 게다가 법을 적용시킨다고 하면 법적 다툼까지 이어지는 골치 아픈 상황이 벌어질까 걱정도 되고, 또 사실상 그만큼 심각한 괴롭힘도 아니기 때문에 그냥 좀 짜증 나는 상황이 계속 이어지는 경우가 많다.

남의 행동이나 사생활에 조언 아닌 조언을 즐기는 부류는 자기 기준에 상대를 맞추려고 한다. 때문에 여기서 벗어나면 "쯧쯧, 어리석은 사람, 그렇게 하면 안 돼, 이렇게 해야지"라며 우리를 조종하려 든다. 처음에 나도 그런 사람을 만났을 때 나를 너무 아껴서 그런 줄 알았다. 그리고 관계를 적당히 유지하기 위해 그 앞에서는 마음에 없는 말로 "알았다, 당신 말이 맞다"라며 끄덕거리는 시늉을 했다.

만약 이런 식의 관계가 지속된다면 이미 한쪽이 다른 생각을 갖고 있는데다 상대의 조언을 조언으로 받아들이지 않고 있기 때문에 어차피 진심 어린 교류가 지속될 수 없다. 서로 말하는 내용이 빗나가고 겉돌기 마련이니까.

이런 사람들에게 대놓고 표현하면 관계가 끊기거나 악화되는 경우가 많다. 나의 1초가 얼마나 귀한데 나를 자기 멋대로의 잣대에 놓고 재고 지적하는 사람들과 굳이 긴밀한 관계를 형성할 필요는 없지 않겠는가.

하지만 그렇다고 그런 사람들과 또 괜히 적대적인 관계로 남았다가는 좋을 게 없다. 대신 좀 멀리하자. 아주 천천히 관계를 느슨하게 만들며 멀어지도록 하자. 뚝 끊어 버리는 게 아니라 관계의 밀도를 희석시켜 약화시키자는 것이다.

처음엔 서운해하겠지만, 이런 식의 관계가 지속되면 나에 대한 그의 관심도 차차 끊어질 것이다.

"요즘 바쁜가 봐?"라고 물으면 "완전 정신없이 살고 있어요"라고 웃으면서 말할 날이 온다.

관계를 멀리하는 일이 쉽지만은 않을 것이다. 그러나 누가 나를 진짜 위하는 사람인지 조금만 생각하면 그 답은 나온다. 진짜 나를 위하는 사람, 소중한 사람에게 쓰기에도 시간이 모자라다.

Q. 언제나 낮은 자존감에 시달립니다. 자존감이란 어릴 때 길러지는 것이 아닌가요. 구김살 없이 잘 자란 친구들이 부럽고 부모님이 원망스러워요. 그냥 포기해야 하나요.

A. 40대 직장 여성 S는 기승전 '지인' 자랑이다. 자신의 어머니가 교수 출신이어서 집안 분위기가 학구적이었다느니 아버지가 경찰 간부 출신이라서 권력의 중심을 직접 보고 살았다느니 입만 열면 자랑이다. 심지어 그의 고모네는 돈 좀 꽤나 있는 집안이라며 모두 강남의 주상복합 아파트에 살고 있고 이모네는 온 가족이 의사인 엘리트 집안이라고 호들갑을 떤다. 그의 친구들도 모두 잘 나간다나. 자신의 오른팔 친구는 서울대 교수이며 왼팔 친구는 이름 대면 아는 검사란다. 하염없이 주변 자랑을 하는 그는 내세울 게 없는지 대화 마무리에는 항상 "다들 잘 나가는데 나만 이렇지 뭐"라고 마무리를 한다. 처음에 나는 그를 참 이상하게 여겼다. 지인 자랑이 대화의 8할이니 시간이 소모적이라는 생각이 들었다. 그러던 어느 날 그는 "내가 자존감이 없어서 주변의 잘 나가는 지인들을 내세워 보상받으려는 경향이 있는 것 같다"라고 털어놓았다.

 얘기를 들어 보니 S는 중학교 때 부모님이 이혼을 해 어머니와 여동생과 함께 살았다. 아버지 없이 키워야 한다는 생각에 S의 어머니는 매사에 지나치게 엄격했다. 장녀의 역할을 언제나 강요당하며 어머니가 세운 기준에 걸맞지 않으면 체벌을 당했다는 것이다. "부모의 사랑을 충분히 받고 자라지 않은 탓에 나의 자존감은 낮을 수밖에 없었어요. 내가 만든 과거가 아닌 환경 때문에 이렇게 된 이상 부모를 용서할 수 없습니다. 당신처럼 부모 사랑 많이 받고 자란 사람은 죽어도 모르는 게 있어요. 당신은 자존감도 강하고 능력도 있지요. 다 부모 잘 만나서 그래요. 구김살 없이 자란 친구들을 보면 부럽고 40살이 넘은 지금까지 위축이 됩니다."

S의 경우처럼 자존감은 부모가 심어 준다고 생각하는 사람들이 많다. 그러면 어릴 때 부모의 사랑을 충분히, 많이 받고 자란 사람들은 모두 하나같이 높은 자존감으로 건강한 정신 상태를 유지하고 자신감이 흘러넘치며 자신에 대한 집중을 통해 남을 시기 질투하지 않으며 살고 있는 것일까.

자존심이라는 것이 떨어졌다가 올랐다가 다양한 감정 그래프를 그리는 것처럼 이 자존감이라는 것도 유동적이며 변동성이 있다. 그러나 다른 점은 자존심은 감정적인 영역이지만 자존감은 이성의 영역이라는 거다. 따라서 자존심은 외부 요인으로 상처를 받을 수 있지만 이성적으로 단단하게 무장된 자존감은 사람들의 평가에 민감하게 반응하지 않는다. 정신과 전문의가 쓴 『자존감 수업』이라는 책이 나올 만큼 자존감은 죽을 때까지 학습하고 단련해야 하는 덕목이다. 이 책에서는 자존감을 끌어올리는 다섯 가지 실천 방안을 이렇게 말하고 있다. 자신을 맹목적으로 사랑하기로 결심하기, 실제 사랑하기, 스스로 선택하고 결정하기, 지금에 집중하기, 패배주의를 벗고 전진하기.

자, 다 필요 없고 제일 어렵지만 진짜 중요한 한 가지만 기억하자. 이 세상에 태어난 나를 가장 먼저 사랑해 보는 거다. '불쌍하게 느끼라'거나 '잘났다고 생각하라'는 것은 아니다. 자칫 자기 연민에 빠지면 세상에서 내가 제일 불쌍하게 느껴지거나, 또 지나친 자기애에 빠지면 반대로 나르시시즘에 매몰될 수 있다.

자존감은 훈련을 통해 키울 수 있다. 언제까지 부모를 원망하고 있을 것인가. 원망해 봤자 변하는 것은 하나도 없다.

제일 빠르게 자존감을 높이는 방법은 거울 앞에 선 나를 인정하는 것이다. 여자들은 특히 외모에 대한 칭찬을 받으면서 자존감도 높아지는 경향이 있다.

외모에 스트레스를 심하게 받는 부분이 있다면, 그 부분을 보완하는 의학적 도움을 받아도 좋겠다. 주걱턱으로 남 앞에 서는 것에 자신 없던 사람이 교정 후 자신감을 찾고 사회에 능력을 환원하고 있다면 누가 '비포 애프터'를 들먹이며 손가락질할 것인가.

얼굴이 큰 것과 팔자 주름으로 시름하던 어떤 후배는 보수적인 회사에 다니고 있어서 티 나지 않게 얼굴을 고치고 싶다고 조언을 구했다. 남의 시선을 많이 신경 쓰고 칼을 대는 것에 공포를 느끼는 이들에게는 티 안 나는 한방성형외과를 추천하기도 했다.

이들은 외모에서 오는 자신감을 발판으로 한 단계 업그레이드될 수 있었다. 건강한 자존감은 더불어 스스로 존중받아야 할 가치가 있다고 믿게 해 주어 인생을 더 긍정적인 시각으로 바라보게 됐다.

학교를 다니고 있다면 공부를 잘해 장학금을 받게 되는 것이나 클럽 활동에 적극적으로 임해 리더로서 인정받는 것도 자존감을 높일 수 있는 좋은 방법이다.

요즘에는 여성이라서 일을 소홀히 한다는 편견이 많이 사라지긴 했지만, 맘 편히 일 시켜도 된다는 남성보다는 아무래도 여성을 예민하게 바라 보는 관점에서 평가절하 되는 경우가 여전히 존재한다. 나도 항상 평가를 받을 때 "여자치고 잘한다"라거나 "여자지만 웬만한 남성 못지않게 적극성이 있다"라며 언제나 남성과 비교되어 평가를 받는다. 아직까지 고정관념의 굴레가 내 발목을 잡고 있는 게 현실이다. 여성들은 일을 잘해도 온전히 그 자체로 평가 받지 못하며, 많은 경우 "여자라서 어쩔 수 없다"라고 절하되기 일쑤다.

여자의 실수에 세상은 관대하지 않다. 『제2의 성』의 저자인 페미니즘의 선구자 시몬 드 보부아르(Simone de Beauvoir)는 여성은 태어날 때부터 여성에게 관대하지 않은 세상의 시선과 싸워야 한다고 말했다. 이런 시선에서 자유로울 수 있으려면 우리는 일로 인정받아 자존감을 높일 필요가 있다.

지금도 방송활동을 활발히 하는 전직 기자인 L선배는 자존감에 대해 이렇게 말했다.

"이 정도면 잘하고 있다고 생각해. 목표치를 높이는 것은 나를 힘들게 하는 일이야. 나를 잘 용서하는 게 가장 중요해."

그는 30년 넘게 특종 전쟁에서 스트레스를 받지 않으려고 노력했다고 강조했다. 기자들은 매 순간이 경쟁이며 특히 일간지 기자는 매일 나의 기사가 특종이냐 아니냐, 물을 먹었냐(다른 기자는 알고 있는 정보를 나만 모를 경우) 혹은 물을 먹였냐고 평가받는다. 아마 모든 직업 중에 가장 스트레스를 많이 받는 직업이 아닌가 생각한다. 기자들은 매순간 '물을 먹고 있다'고 해도 과언이 아닌데 그때마다 스트레스와 자기 비하에 빠지면 생명이 단축되는 것은 말할 것도 없다. 기자들의 수명이 짧은 이유도 이와 무관치 않은데 자존감이 훼손되지 않으려면 일희일비하지 않고 나에 대한 관대함을 높여야 한다.

앞서 말한 선배는 "인생의 목표치를 굳이 높이지 마. 나는 물먹을 때에도 크게 속상해하지 않았어. 내일, 모레 특종 하면 되지라고 생각했어"라며 자신을 많이 사랑하라고 말했다. 스스로에게 집중하는 사람은 자기 자신 역시 쉽게 용서하는 특징이 있다면서 말이다.

결국 자존감은 내가 나를 이해하고 아끼고 사랑하는 노력에서 나오는 것이다.

Q. 이 일이 내 천직인지 모르겠어요. 그렇다고 딱히 가슴 뛰는 다른 일이 있는 것도 아닙니다. 또 그렇다고 하루하루 꿈도 없이 지루한 일상을 보내자니 무언가 다른 길을 찾고도 싶어요.

A. 20년 전 기자가 되기 위해 당시 어렵다던 언론 고시를 준비하면서 토익 900점을 넘기기 위해 얼마나 많이 토익 시험을 봤는지 모른다. 중학교 때 공부하고 줄곧 놓았던 한자 급수 자격증을 따기 위해 천자문도 다시 들여다 봐야 했다. 그렇게 원하던 직업을 선택했건만 입사 후 사회부 경찰 기자를 시작하면서 첫 번째 허들을 만났다.

집에 가기는커녕 경찰서에서 제대로 씻지도 못하고 기자실에 마련된 방에 나뒹구는 냄새나는 이불을 덮고 다른 매체 기자들과 끼어서 자는 일이 계속되면서 "이 길은 내 길이 아닌가 보다"라는 첫 번째 고민이 시작됐다. 그렇게 시작한 기자 생활을 몇 년간 잘 버티다 원치 않는 부서로 발령을 받을 때(신문사는 새로운 부서 발령이 거의 회사를 이직하는 수준이다)도 의심의 파도가 밀려왔다. '내가 더 잘 하는 일이 있을 텐데' 하고 말이다. 입사 때부터 '기자 같지 않다'는 얘기를 줄곧 들어왔는데 그럴 때마다 '너무 늦기 전에 다른 길로 가야 하는 것 아닌가' 하고 나를 찾는 여행을 떠나기도 수차례였다. 입사 2년 차 때는 디자이너가 됐어야 했다며 미국의 패션스쿨로 유학을 떠나고 싶어 했다. 4년 차 때는 뮤지컬 배우를 해야 하는 것 아닌가 하고 뮤지컬 오디션 기회를 알아보기도 했고, 6년 차 때는 한의사가 되고 싶어 수능을 다시 볼 생각도 했다. 한때 기자를 그만둔다며 사직서를 내고 휴가를 받은 적도 있다. 그리고 딱 1주일 뒤 다시 돌아왔다. 전문대학원 바람이 불었던 8년 차 때는 '로스쿨' 출신의 변호사를 꿈꾸기도 했다. 그렇게 10년이 흘렀다. 생각해 보면 나는 그냥 하고 싶다는 마음만 품었었다. 감히 행동으로 옮겨 보지도 않았던 것이다.

10년간 '내가 무엇을 해야 하는 사람인가'에 대해 끊임없이 의심했다. 그리고 10년이 되는 해에 '10년간 기자로서 나쁘지 않게 평가를 받고 있다면 이는 내 천직이다'라는 결론을 내렸다. 그리고는 지금까지 뒤돌아 보지 않고 앞만 보고 가고 있다.

어느 날 조물주에게 "로또 맞게 해 주세요"라고 기도를 했는데 조물주가 "너 로또는 샀니?"라고 묻는 것과 같은 것이다. 나도 항상 '내 천직은 대체 무엇일까'라고 물어왔지만 그것을 찾아 실제로 움직이지 않았다. 십중팔구 그건 게을러서다. 내가 지금 하는 일로 밥을 벌어먹고 살고 있는 만큼만 부지런할 뿐 새로운 일을 실행할 만큼 내가 간절했던 게 아니었다. 이 안정된 생활을 박차고 나가려면 현재 내가 살던 것의 10배 이상 부지런해야 한다. 내가 그럴 수 없다는 것을 나는 잘 알고 있다. 하고 싶으면 그냥 하면 된다. 누가 안 말린다.

『내 운명은 고객이 결정한다』의 저자 박종윤은 "거창하게 생각하지만 말고 그냥 행동하라"고 강조한다. 그는 "지식이 아니라 지혜를 얻을 생각을 해야 한다. 경험을 하라. 답은 네가 찾아야 한다"라고 조언한다.

일단 당신이 잘하는 것과 할 수 있는 것, 앞으로 해 나가야 할 것 등을 써 내려가 보는 것은 어떨까. 페이스북 마케팅을 하겠다는 사람이 페이스북 페이지 하나 없는 경우도 있다. 페이스북 알고리즘을 배워 주커버그가 되려고 하지 말지어다. 그냥 자기 계정 하나 만들어 경험하는 것부터 시작이다. 강의나 들으러 다니면서 여기저기 기웃할 시간에 남 얘기 그만 듣고 내가 하고 싶은 것들을 적어라. 그리고 그중에서 하나라도 택해 실천에 옮겨 보자.

> **Q. 인간관계도 공부하면 되는 줄 알았어요. 그런데 막상 어디서 누구를 어떻게 만나고, 그 사람들을 어떻게 대해야 하는지 잘 모르겠어요. 인맥관리 어떻게 시작할까요.**

A. 증권사에 다니는 사회생활 6년 차 K는 사회생활을 하면서 자신을 이끌어 줄 황금인맥을 갈구한다. 직접 전문가를 만나야 핵심 노하우를 얻을 수 있다는 계산에 주요 전문직 종사자들을 만날 수 있는 유료 네트워크 서비스에도 가입하고 '관계 세미나'도 쫓아다니며 강연을 듣고 학교 다닐 때 영어 단어장 암기하듯 '인맥관리' 메모장도 만들어 달달 외우고 있다.

주말이면 대형 서점을 찾아 인맥 관련 서적을 구입해 줄을 긋고 '공부한다'. 책에서 배운 그대로 선후배와의 관계를 써먹어 보려 하지만 이상하게 책과 실전은 천양지차다. 그가 암기하듯 물어왔다. "벌써 입사한지 5년이 되었고 30살을 바라보는데 아무리 노력을 해도 좋은 인맥을 '유치'하지 못하는 것 같아 조급합니다. 제일 '잘 팔리는' 30대 초반에 회사를 옮기려면 저를 끌어 줄 동아줄이 필요한데 말이에요. 좋은 회사로 옮기는 선배들은 모두 인맥을 이용하더라고요."

K처럼 자신을 끌어 줄 황금인맥을 원하지만 그런 네트워크를 어떻게 만들어 가는지 몰라 책을 뒤지고 공부를 하는

젊은 친구들이 많다. 밖으로 나가 직접 사람을 만나 소통하고 그 안에서 신뢰 관계를 만들어내기보다는 학창시절부터 교과서와 참고서로 입시 준비를 해온 것처럼 인맥도 지식처럼 습득하려는 경향이 강하다.

  인맥을 만들고 싶다면 내가 아는 주변 사람부터 시작해 보자. 파랑새를 찾아 떠날 필요도 없고, 황금인맥이 저 무지개 넘어 있는 것도 아니다. 그야말로 단골집 식당 주인부터 인맥으로 만들어 보는 것이다.

  20년 전 T는 졸업한 지 2년이 지난 취준생 아들이 직장을 구하지 못하고 있자 등산이라도 다니면서 마음을 다스리라고 권했다. 처음에는 투덜대다가 등 떠밀려 산에 오르게 된 아들은 그곳에서 만난 어르신들에게 친절하게 물도 떠다 드리고 말동무도 되어 드렸다. 주말마다 어르신들을 만나 자신의 처지를 털어 놓기도 하고 꿈과 미래를 논하며 시간을 보냈다. 그런데 어르신들 중 한 분이 그 아들을 유심히 지켜보던 중 입사를 제안했고, 현재 그 아들은 이 기업의 CFO로 활동 중이다.

  강연회나 유료 멤버십 클럽처럼 모르는 곳을 억지로 찾을 것이 아니라 내 주변에 자연스럽게 도사리고 있는 만남의 기회를 잡는 것이 더 현실적이다. 반짝이는 보석은 밖에 있지 않고 이미 내 안에 다 있으니까. 만남에 있어 목적을 먼저 떠올리면 가까이 있던 파랑새는 날아가 버릴지도 모른다.

인맥을 이른바 잘 나가는 사람 한 명 더 알아두고 내가 필요할 때 활용하는 '커리어 폰북'으로 접근하면 안 된다. 내가 만약 상대에게 '쓸모 있는 사람' '없는 사람'으로 분류된다고 생각하면 진정으로 내 옆에 남아 있는 사람들은 없을 것이다.

처음부터 썩은 줄이냐 튼실한 줄이냐 따지다 보면 사회 경험이 적을수록 진짜 동아줄을 찾아내기도 어려울뿐더러 일은 안 하고 '정치적'이라는 이미지만 남길 수 있다.

그렇다면 진짜 동아줄은 어떻게 잡을 수 있을까. 한마디로 '진심 쩌는' 인간관계를 맺으면 된다. 여기서 우선 목적과 결과는 배제해 보자. 계산된 의도가 아닌 예의와 도리로 함께 켜켜이 시간을 보내며 두텁게 쌓은 신뢰, 추억, 역사는 어느 것도 대체할 수 없다. 인맥은 그래서 꼭 시간이 필요하다. '당신과 내가 어느새 10년이 됐다'라는 것은 그 자체로 우리는 '크던 작던 역사를 함께 했다'는 의미다.

그들과 함께 3년, 5년, 10년을 지내다 보면 역사와 신뢰가 쌓이고 각자의 자리에서 자기 몫을 하고 있는 나의 파트너들을 발견하게 된다. 내가 신참 기자 시절 봤던 대리, 과장은 20년이 지난 지금 대기업의 부장, 이사, 상무가 되어 있고 함께 술잔을 기울였던 부장은 기업의 CEO가 되어 있다. 주변의 황금인맥을 가진 선배들에게 물었다. 현재 잘 나가는 CEO나 장관들과 언제부터 알고 있었냐고. 그들 모두 선배들이 소싯적 만났던 과장이었고 사무관, 서기관들이었다. 내가 크는 만큼 마음을 나눈 나의 지인들도 성장해 주요한 자리에서 제 역할을 톡톡히 하고 있더라.

한편 악연을 피하는 일도 중요하다. 남을 잘 되게 하는 것은 어렵지만 남을 방해하고 잘 못 되게 하는 것은 더 쉽다. 적을 만들지 않는 것으로도 사회생활은 무사고 운전이라고 보면 된다.

악연을 피해 적이 생기지 않도록 하는 것이 중요하다. 그렇다면 악연은 어떻게 구분할까. 나 자신을 믿어 봐도 된다. 이상하게 끌리지 않거나 좋지 않은 기분이 들면 웬만하면 접촉을 피하는 것이 좋다. 나의 촉을 믿고 과감히 끊어도 된다. 챙길 사람도 많은데 너무 미련을 두지 않아도 되겠다.

그리고 내가 먼저 베풀었다고 받을 것을 생각하진 말자. 인생은 어차피 등가교환의 법칙이다. 어디선가 꼭 돌아오고 나한테 나간 것이 다른 방식으로 채워지게 마련이다. 자기계발 강연자인 L은 얼마 전 기업 강연에서 "정말 절친인 선배에게 긴한 부탁을 했다가 대차게 거절을 당해 엄청 슬퍼했다. 평소 잘 알던 사람이었기 때문에 섭섭함과 상심이 컸다. 그러던 차에 그날 치매를 앓고 있는 모친이 집을 나갔다

길을 잃고 헤매고 있던 중 생면부지의 택시 기사가 보호하고 있다는 연락을 받았다. 그때 그는 다시 한번 인생은 등가 교환의 법칙이구나 하고 깨달았다"라고 말했다.

'기브 앤 테이크'를 굳이 계산하려 들지 않으면 편하다. 사심은 상대에게 쉽게 들킨다. 그리고 그런 마음 갖고는 관계가 오래 못 간다. 불편해서다.

인맥 관리의 법칙에서 내 일처럼 기뻐하고 내 일처럼 슬퍼해 주며 진심을 다 하라고 했는데 그런 마음이 안 드는 사람은 나의 인연이 아니다. 너무 노력하지 않아도 된다. 끌리는 사람과 호감을 높이고 역사를 만들자. 그렇게 쌓인 관계가 진짜 나의 인맥이다. 각자 열심히 살다 보면 그들이 모두 어떤 자리에 가 있다. 그래서 남이 잘 되는 것을 진심으로 기뻐하고 축하해 주자. 나는 이런 노력만 하면 된다. 계속 보고 싶은 사람. 도움이 되거나 진실되거나 재미있거나 유쾌하거나 함께 있으면 웃기거나. 그러니 그냥 마음 가는 대로 하되 사심만 살짝 내려놓자.

Q. 퇴근은 했지만 머릿속에서 회사 일이 떠나지 않아요. 그렇다고 회사 일에 항상 올인하는 편도 아닌데, 퇴근하고 나면 온통 두고온 일과 사람 사이의 일들로 머릿속이 복잡합니다. '워라밸(Work-life balance)'은 남의 일만 같네요.

A. 우리는 매일 2부 인생을 산다. 학교나 직장이라는 1부의 삶 이후 개인적인 나의 생활이 2부의 삶이다. 나는 기자실에서 노트북을 덮는 그 순간부터 일과 회사를 완전히 지운다. 이미 많이 연습이 된 지라 온전히 1부 삶을 접고 가방을 들고 나오는 시간엔 이미 마음이 2부 삶으로 완벽히 이동해 있다. 퇴근 후에도 예정된 발표들이 있거나 기사를 다시 새로 써야 하는 경우도 더러 있지만 이를 제외하고는 철저하게 일은 머릿속에 없다. 온(On)으로 되어 있는 스위치를 떠올린 후 오프(Off) 모드로 끄는 것을 시각화해 상상한다. 요즘에는 워낙 주 52시간이 전반적으로 잘 지켜지고 있기 때문에 과거보다는 온 오프 모드가 잘 지켜지고 있기도 하다. 하지만 여전히 퇴근을 해도 께름칙하게 머릿속에 낮 동안의 일이 떠도는 일이 적지 않다.

스위치를 끄고 새로운 스위치를 켠다고 생각해 보자. 종 땡 치고 나오면서부터 이제부터 완벽한 나의 일상이 펼쳐진다. 스위치를 끌 때 가장 중요한 것은 새로운 장면으로 바꿔

었기 때문에 그전 장면을 절대 떠올리지 않는 거다. 1부 삶을 불러오는 어떠한 단어도 입 밖에 내지 않는다. 친구들을 만나서 "내가 회사에서 오늘 이런 일이 있었는데"라고 하면 이미 끝난 1부 드라마를 2부로까지 끌고오는 셈이다. 그렇게 되면 오늘 나를 괴롭혔던 선배나 후배 이름을 들먹이며 또 난 이미 끝난 1부 삶에 질질 끌려다니게 된다. 온전히 회사와 개인의 삶을 분리시키는 작업에 있어서 가장 중요한 것은 회사 사람에 대한 비방을 하지 않는 것이다. 그 그림자는 잘 때까지 나를 괴롭히고 아침에 일어나 1부의 삶을 시작하는 스위치를 켤 때 다시 어두운 그림자가 드리워진 채로 새로운 아침을 맞이하게 만든다. 이 얼마나 손해인가. 부정적인 씨앗은 이상하게도 뿌리를 쉽게 내려 잎이 번창하고 그 뿌리도 굵어져 뽑히기도 힘들다.

많은 직장인들이 정작 과도한 회사 업무가 아니라 회사 걱정 또는 인간관계 때문에 속앓이를 하는 경우가 많다.

예를 들면 오너 리스크, 정부의 규제, 제도 변화 등과 같은 일개 회사 직원인 내 능력을 벗어나 컨트롤이 안 되는 근무 환경으로 맘 고생을 사서 하는 식이다.

몇 년 전 친한 취재원이 자신이 몸담고 있는 회사의 오너가 수감되고 정부의 각종 규제로 기업의 경영 환경이 악화되고 있는 것에 대해 눈물까지 흘리며 통탄해했다. 만날 때마다 회사 얘기로 고통스러워했는데 정말 볼 때마다 주름이 늘고 깊어갔다. 인상도 우울하게 바뀐 듯했다. '나로 인해 바뀌는 것은 하나도 없을 텐데 회사 사랑이 대단하구나'라는 생각을 했다. 물론 오너가 직원 하나하나의 이 같은 애사심을 알면 기뻐하겠지만, 결론은 하나 바뀌는 것은 없다는 거다.

사명감이 투철한 회사원이 사장까지 올라가는 경우가 많은 것을 보면서 주인의식의 중요성을 느꼈지만, 회사 걱정한답시고 회사 주변에 얽힌 복잡한 환경이나 악재를 나의 악재인 것 마냥 근심 걱정한다고 달라지는 것은 없다는 사실을 명심하자.

회사 안팎을 둘러싼 회사 걱정은 회사를 떠난 순간 접자. 그리고 회사 사람들도 기억에서 지우자. 잠시만이라도. 그리고 다음날 아침까지 진정한 나의 일상에 몰입하자. 그래야 1부 인생에 올인하고 성과도 낼 수 있다.

만약 퇴근 후에도 1부 삶에 대한 잔상이 남았다면 열린 마음으로 나를 다정하게 주시한다. 들숨과 날숨, 호흡이 빠른지 느린지, 깊은지, 얕은지를 낱낱이 자각하면서. 인간의 기분은 오랜 시간에 걸쳐 변한다. 두 시간 전에 유쾌했지만 갑자기 상사에게 꾸지람을 들어 우울해졌다가 즐거운 소식에 갑자기 반색하기도 한다. 경험이 변하듯 감정도 변한다. 모든 경험은 무상하다. 이 또한 지나가리라. 경험의 일시성을 항상 떠올려라.

  나는 받아들이기 어려운 사건이 생기면 잠시 큰 숨을 쉬고 마치 내 일이 아닌 것 마냥 유체이탈을 시켜 본다. 영화에서 보는 것처럼 내 몸을 떠난 후 밖에서 나를 지켜 보는 식이다. 그리고 이 또한 지나가니 지금 너무 심려하지 말자는 약속을 한다.

  나는 여기서 나 나름의 '1주일 법칙'을 적용한다. 회사에서 힘든 일이 생기거나 할 때 '1주일만 지나면 괜찮아진다'는 자기최면 법칙이다. 우리는 며칠 전의 일도 기억 못하는 망각의 동물이다. 그러니 정말 도망가고 싶을 때 1주일만 참자는 생각을 한다. 스위치를 잘 끄고 1주일만 잘 참는 학습 효과는 힘든 업무나 인간관계를 버틸 수 있는 내공으로 빛을 발한다.

Q. 지금 현재 하고 있는 일이 아닌 꿈이 있습니다. 정말 그 일이 하고 싶은데, 지금 하고 있는 일을 그만두고 준비해야 할지 고민입니다.

A. 언론인이 되고 싶은 학생들은 언론사 시험 준비를 위해 스터디그룹을 만든다. 나도 20년도 더 전에 기자, PD가 되고 싶은 선후배끼리 모여 스터디를 했는데, 준비하자마자 곧바로 붙는 친구가 있는가 하면 1~2년씩 재수를 하는 친구들도 많았다. 그렇게 하나둘씩 입사에 성공해 나가는 사람들이 생겨나면서 스터디 그룹은 몇 차례씩 구성원이 바뀐다. 재미있는 것은 같은 꿈을 가진 그들이 언젠가는 비슷한 자리에서 마주친다는 것이다. 언론사 입사 준비를 시작했던 모든 사람들이 기자나 PD, 아나운서가 꼭 되는 것은 아니지만 언론계를 비롯해 젊어서 꿈꿨던 비슷한 직업군에서 일하다 마주치는 경우가 허다하다.

아나운서가 꿈이던 친구가 있었는데 어떤 사람들은 아나운서에 걸맞지 않게 생겼다고 뒤에서 수군거렸다. 정말 100차례 정도 떨어졌는지 모르겠다. 그런데 몇 년 뒤 만난 그녀는 라디오 방송 아나운서를 하고 있었는데 목소리가 저렇게 예뻤었나 하는 생각에 다시 보게 되었다. 지상파 방송국 PD의 꿈을 키우던 한 선배 역시 얼마나 떨어졌는지 모를 정도로 고배를 맛 봤는데, 기획사 PD로 입사해 방송 제작 일을 하고 있었다. 단 한 번도 글을 잘 쓴다고 생각하거나 학창시절 글짓기 대회에서 한 차례 입상 경력도 없던 나는 대학교 3학년 때 갑자기 기자가 되겠다며 언론사 공부에 발을 들여놨는데, 결국 대학 졸업 후 1년이라는 시간이 지나서야 그 꿈을 이룰 수 있었다.

1년 내내 실패의 쓴 잔을 마시다 보니 부모님은 "그렇게 떨어져서 어디 기자가 될 수 있겠느냐. 나이도 있고 이러다가 취업의 기회도 놓칠 수 있으니 하던 것을 접고 아무 데나 취직하는 게 좋겠다"라고 공부를 말리기도 하셨다. 그 뒤엔 공부하는 것을 숨기면서 언론사 입사를 준비하기도 했다. 그때 깨달았다. 꿈을 향한 지극한 정성이면 80%는 다들 이루는구나 하고.

그런데 언론사에 입사한 후 또다시 깨달은 게 있다. 언론사엔 나처럼 시험을 보고 직선 코스로 온 선배들만 있는 것이 아니었다. 나는 기자가 되려면 무조건 수도권과 경기 종합일간지, 경제지가 1년에 한 번씩 치르는 일명 언론 고시라고 불리는 정식 코스를 통해서만 가능한 줄 알았다.

그런데 막상 언론사에 입사해 보니 지방지나 계간지 같은 잡지 출신 또한 경력으로 선발된 이들이 내가 '목숨 걸고' 입사한 같은 신문사에 있었다. 특히나 언론사에서 경력기자로 에스컬레이터를 타고 원하는 이동을 하는 경우도 많았다. 지금도 상대적으로 들어가기 쉬운 곳에 먼저 입사해 한 계단씩 주요 매체로 옮겨가는 기자들도 상당수다. 또 지상파 방송국에 곧장 들어가기에는 어려웠던 친구들도 오히려 신문사 기자를 하다가 지상파로 갈아타는 경우도 허다하다. 꿈만 있다면 어떻게 해서든지 갈 수 있다. 그냥 조금 천천히 갈 뿐이다.

대기업에서 일하는 L부장은 지방대 출신으로 5명 남짓한 홍보대행사에서 홍보, 마케팅 일을 시작했다. 워낙 성격이 좋고 센스가 뛰어나다고 소문난 덕에 얼마 안 있어 더 큰 대행사로 옮겼고, 몇 년 만에 중소기업 홍보실에서 근무하다 다시 대기업으로 갔다. 모두들 L부장의 능력을 높게 평가하고 그 바닥에서는 그를 모르는 이가 없다. L부장이 처음부터 대기업에 입사하려고 했다면 여러 가지 난관에 부딪혀 어려웠을지 모른다.

아시아 대표 콘텐츠 기업인 CJ그룹의 CJ E&M은 요즘 젊은 층이 선망하는 기업 중 하나다. Mnet, tvN, 올리브 채널 등 젊은 층이 선호하는 채널과 인기 콘텐츠가 많고 엔터테인먼트 업종의 특성상 미래지향적인 분야에다 자유로운 업무 분위기라는 인식이 형성돼 있어 요즘 트렌드와 부합되는 기업이라는 이유에서다. 때문에 CJ E&M에 신입사원으로 입사하는 것은 정말 하늘의 별 따기다. 신입사원 모집 시에는 상상을 초월한 스펙을 갖춘 글로벌 인재란 인재는 모두 모이는 것 같다고 한다.

L사 임원 S의 장녀는 아이비리그 명문 대학을 나와 유수의 글로벌 기업에서 인턴생활을 하는 등 화려한 경력을 자랑했지만 예상치 못하게 이 회사 입사 턱걸이를 넘지 못했다. 하도 궁금했던 S는 나중에 관계자에게 "우리 딸이 왜 떨어졌는지가 궁금하다"라고 물었다 한다. 그러자 "따님도 너무 뛰어나지만 그녀보다 더 뛰어난 사람이 많아서다"라는 답변이 돌아왔다. S의 장녀가 CJ그룹의 다른 계열사에 지원했다면 분명히 붙었을 것이라는 말과 함께.

신문사에서도 부서 이동을 하듯 기업들도 계열사 간의 교류가 있어 직원들은 돌고 돈다. 물론 가고 싶은 곳을 항상 꼭 갈 수는 없겠지만 꿈과 의지만 있다면 길은 항상 열려 있는 곳이 사회다.

작은 방송 기획사에서 사회생활을 시작한 H는 대기업의 마케팅팀에서 일을 잘하기로 소문났는데, 아이비리그 대학을 나온 화려한 스펙도 쉽게 문턱을 넘을 수 없는 CJ E&M이 어느 날 그에게 삼고초려를 했다. H는 갓 입사한 후배들처럼 아이비리그나 유럽의 명문대를 나오지 않았지만 다양한 사회 경험을 바탕으로 탄탄한 콘텐츠 기획력을 가진 능력자로 인정받아 높은 몸값에 스카우트됐다.

오히려 인턴이나 신입사원으로 CJ E&M에 입사한 잘난 초년병들은 당장 자신이 프로페셔널하게 처음부터 무언가를 만들거나 기획할 수 있을 것이라 착각하지만, 정상급 헤어 디자이너가 되기 위해서 미용실 바닥을 쓸고 닦는 스텝 생활을 수 년간 하는 것처럼 처음에는 복사 심부름 일부터 시작한다. 보통 PD로 입봉하기까지 4년 이상 걸린다고 하는데, 언제나 누구에게나 대접받던 아이비리그 고급 인재에게는 참기 힘든 일일 것이다. 그래서 제대로 꿈을 펼치기 전에 실망하고 튕겨 나가는 수도 많단다.

그러니 꼭 어떤 코스로 가야 하는지 정해진 것은 아무것도 없다. 때로 직선 코스로 가는 것만이 꼭 좋을 것도 없다. 직진하느라 보지 못했던 주변 풍경을 돌아가는 와중에 즐기고 더 많이 배울 수 있을지 모른다. 인생은 어차피 누가 더 빨리 가냐의 100m 레이스가 아니니까. 숲속에 나무도 보고 지나가는 토끼도 한번 쳐다 보고, 가는 길에 아름다운 꽃이 피어 있으면 그 향기도 한번 맡아 보고 즐기면서 가다 보면 어느새 목표하던 장소에 도달해 있을 것이다.

간절하면 사실 이루어지더라. 돌아가도 괜찮다. 설사 안 된다고 한들 나는 해 봤다는 그 경험이 남는다.

이미 대기업들은 스펙보다는 직무 역량을 가장 중요한 항목으로 꼽고 있으며, 면접 역시 '블라인드 테스트'를 채택하는 경우가 늘어 학력과 지연은 지속적으로 파괴되고 있다. 지상파 방송이나 주요 일간지 매체보다 1인 미디어가 더 큰 영향력을 끼치고 있는 마당에 나를 못 알릴 것도 없지 않은가.

내가 원하는 기업의 CEO에게 이메일을 보내는 것도 나를 알리는 길이다. 럭셔리 브랜드의 CEO는 실제로 이렇게 전했다. "우리는 공채 신입을 뽑아 본 적이 없어요. 하지만 우리 회사와 간절히 인연을 맺고 싶은 인재들은 회사로 메일을 보냅니다. 나라는 사람이 있으니 언제든 연락해 달라고 말이지요. 그러면서 우리 브랜드에 대해 얼마나 높은 이해도가 있으며 관련 커리어를 쌓아왔는지를 적극 피력해 놓지요. 실제 경력을 뽑을 때 다른 인력 기관의 도움보다 이메일을 보내놓은 친구들에게 연락을 하는 경우가 많습니다"라고 귀띔했다.

> **Q. 꼭 나쁜 사람, 선배, 동료들이 잘 됩니다. 어떻게 저렇게까지 하나 싶은 사람이 잘 되는 걸 많이 보니, 인생 자체에 회의도 들고 일도 점점 싫어집니다. 뿌린 대로 거두는 것이 맞나요.**

A. IT 업계에 종사하는 S본부장은 부하 직원의 성과를 자신의 것으로 가로채는 데 천재적인 인물로 둘째가라면 서럽다. 언제 해고될지 모르는 임원직이라는 성격상 그는 회사 생활을 연명하는 데 급급하다. 자신의 영속성을 위해 회사나 팀원들을 자신의 이익을 추구하기 위한 '광팔이' 수단으로만 본다. 얼마나 운이 좋은지 실력도 없는데 그 자리까지 올라온 것을 보면 신기할 뿐이다. S본부장의 무능함과 리더십 부재를 그의 상사만 모를 뿐이다. 조직을 좀 먹게 하는 그 때문에 능력 있고 일 잘하는 후배들이 떠나는 일도 자주 발생한다. S본부장의 직속 부하가 몇 차례나 바뀌었는지 모른다. 그의 부정함을 자신이 알고 동료가 알고 하늘이 알고 땅이 알건만 잘 나가기만 한다.

그런 사람일수록 위에는 너무도 예의 바르게 잘한다. 그래서 누군가 마음먹고 투서라도 하지 않는 이상 오너나 고위 임원이 그의 인간성을 아는 것은 쉽지 않다. 자신이 워낙 거짓말을 밥 먹듯이 하기 때문에 남의 말을 믿지도 않으며, 이를 잘도 피해 간다.

 조직에 이런 사람은 꼭 몇 명씩 있다. 정도의 차이겠지만 나이가 어린 친구들 중에서도 종종 발견되기도 하고 일은 안 하고 위에만 딸랑거리는 윗사람의 말 한마디에 따라 하루 세끼 밥 먹듯 말을 뒤집는 상사도 수두룩하다.

 그런데 이상하게도 참 잘 나간다. 그 부조리함에 하늘이 원망스럽기도 하다. 대체 인과응보와 사필귀정은 있는 것인가. 과연 죄와 벌은 있는 것인가. 사악하고 욕심 많고 거짓으로 점철된 사람이 잘 되는 것은 지금까지 나도 풀리지 않은 의문이다.

 나도 아직 답을 못 찾았지만 우리는 각자 스스로의 마음을 위안할 논리를 찾아야 한다. 그래서 그냥 나는 인과응보가 있다고 믿고 살기로 했다. 우리는 아직 그 나쁜 사람들의 말로를 보지 못했으니까. 혹시 이번 생에 끝이 나지 않는다면 이는 다음 생으로, 혹은 그의 후대로 죄가 대물림될 것이라 믿는 것이다. 그 편이 훨씬 내가 편하다.

 많은 사람들이 그 사람 때문에 고통을 받고 힘들어졌는데 혼자만 행복하게 잘 살다 생을 마감하면 억울하기 그지없지 않은가. 그러니 죄를 지은 만큼 벌을 받는다고 믿고 살자. 그게 없으면 세상 참 속절없으니 말이다. 작정하고 나쁜 사람을 평범한 사람이 이길 수는 없는 노릇. 사람의 영역을 벗어난 것인 만큼, 사필귀정의 믿음을 저버리고 지금을 지옥으로 살기보다 믿어서 마음 편한 천국을 만드는 게 낫지 않을까.

Q. 조직의 윗사람들이나 선배들에게 인정받으려면 어떻게 해야 하나요. 잘 보이려고 아부하기는 싫지만, 그래도 나라는 사람을 알아봐 줬으면 합니다. 자연스럽게 나의 장점을 부각시키는 방법도 궁금합니다.

A. 우선 선배가 어떤 포인트에서 감동을 받는지를 살펴본다. 성실성인지, 빠른 일처리인지, 업무 능력인지, 아님 진심으로 들어 주는 것을 원하는 것인지 본다. 상대가 무엇을 좋아하는지, 어떤 포인트에서 감동을 받는지를 관찰하는 것부터 시작이다.

사실 올라갈수록 외롭고 의지할 곳이 줄어들기 마련이다. 높은 지위에 있는 사람일수록 내 편이 없다는 생각에 항상 외롭다. 그때 오른팔까지는 아니지만 믿을 수 있는 후배나 동류라는 이미지를 심어준다면 그는 자신의 오른쪽 자리를 내어줄 수도 있다.

사회생활의 연차가 낮을 때는 묵묵히 일로 목소리를 내되 제3자를 통해서 나에 대한 평가가 들어가도록 하는 것이 가장 효과적이다. 세상에 나만 아는 일은 없다. 누군가 보고 있지 않는 것처럼 생각되지만 사실은 어디선가 나를 주시하고 있다. 내가 일을 잘하고 성실한 것을 제3자가 전달해 줄 때 나에 대한 객관성은 더 높아진다.

그렇다면 과연 제3자가 어떻게 내가 잘하고 있다는 사실을 전달해 줄 것인가. 사실 제3자에게 부탁을 할 수도 없는 노릇이다. 다만 우리가 기억해야 할 점은 내가 해야 할 일에 대해 정확하게 해내면 칭찬은 밖으로 흘러넘칠 수밖에 없다는 것이다. 시간이 걸릴지라도 반드시 나의 성실성과 업무 능력은 윗사람의 귀에 들어간다.

그런데 누구나 그렇듯이 위를 바라 보고 일하는 사람을 신뢰하는 경우는 별로 없다. 언제든지 다른 윗사람을 향해 딸랑이로 돌변할 수 있다는 불신도 많다.

위만 바라보고 일하는 사람이 아니라 자진해서 일을 위해 뛴다는 이미지를 만들어야 한다. 이미지만이 아니라 진짜 그렇게 일해야 한다. 그래야만 나의 모든 행동에 순수함이 더해진다. 나는 윗사람에게 잘 보이려고 일하는 사람이 아니라 내 일이 좋아 열심히 일하는 성실한 사람이라는 이미지를 심어 주는 것이 중요하다.

회사라는 조직은 그것이 크건 작건 항상 정치가 존재한다. 리더의 뒤에서 그의 '라인'에 서는, 한마디로 줄을 서는 노력을 통해 편하게 가기도 하고, 한순간에 조직이 바뀌면서 동아줄이 썩은 줄이 되어 즉시 한꺼번에 정리가 되기도 한다. 안타깝기도 하고 어이없기도 하지만 지금 이 순간에도 벌어지는 현실이다.

그렇다면 답은 하나. 동아줄을 잡으려고 노력할 것이 아니라 나의 중심을 세우고 나를 위해 일해야 한다. 그래야 뒤탈이 없다. 동아줄에는 관심이 없어 보이는 나의 말 한마디는 실제로 의도를 갖고 던지는 낯 뜨거운 '아부'나 '첨언'이라고 할지라도 진심이 서려 있어 보인다.

선배를 치켜세워야 할 일이 있을 때는 마음을 담아 구체적으로 말하라. 얼굴에는 싫어 죽겠는 표정으로 "부장님 멋져요"라고 하면 믿을 사람이 누가 있겠는가. 상대를 칭찬할 마음이 도통 생기지 않을 경우에는 그냥 입을 닫아 버리자.

누가 봐도 영혼이 없어 보이는 이야기를 할 것이 아니라 내가 느끼는 바를 구체적으로 명시한다. 선배가 말씀을 잘 들어 주셔서, 말씀을 너무 재미있게 하셔서, 회의를 빨리 끝내 주셔서, 옷을 젊게 입으셔서 등의 일상에서 소소한 것들을 구체적으로 짚어내며 관심을 전달하면 좋아하지 않을 상사는 없다.

상대가 쑥스러운 나머지 "너는 얼굴 표정 하나 안 변하고 어떻게 그런 아부를 잘 하니"라고 할지라도 실제로는 그 말을 믿고 싶어 하고 좋아한다.

나는 상대의 좋은 면을 잘 캐치해 내는 편이다. 어느 조직을 가도 내가 함께 일하는 상대방에 대한 애정이 많은 편이기 때문이다. 상대에 대해 조금만 깊이 있게 관찰하면 그의 작은 변화라도 빠르게 간파할 수 있다. 그 간파된 팩트를 콕 찍어서 전달하면 반응이 좋다. 평소 관심을 보이고 있다는 방증이기 때문이다. 헤어스타일을 어떻게 바꿨는지 감기로 고생을 하고 있는지 안 보이던 가방을 들고 왔는지 립스틱의 색깔이 바뀌었는지를 구체적으로 명시해 '너 바뀌었구나'만 표현해도 사람들은 좋아한다.

과거에 여러 상사를 모셨는데 대놓고 입에 버터 바른 낯 뜨거운 얘기를 하면 "넌 눈 하나 깜짝 안 하고 아부를 하는구나"라는 답이 돌아왔지만 다른 사람들에게 "그 친구는 싹수가 있어"라는 칭찬을 했다는 말을 들었다.

인정이란 믿음에 기초하기에 시간을 함께 보내는 시간이 길면 길수록 그 폭도 커지게 마련이다. 시간을 함께 더 많이 보낼 수 있는 방법을 고민해 보고, 그 함께 하는 시간에 나는 무엇을 할지 생각해 보면 답이 나온다. 인정은 결국 시간을 함께 보낼 명분을 찾아내고, 상대방과 함께 호흡하며, 동질성을 부여하면 얻을 수 있다. 아부는 아니지만, 함께 한 시간 때문에 최소한의 인정은 받을 수 있을 것이다.

Q. 회사가 내 능력을 몰라 줍니다. 원하지 않는 부서에 발령이 났는데, 이참에 그만두고 다른 곳을 찾아 봐야 하나 고민이 됩니다.

A. 대기업에서 20년을 근무한 R팀장은 몇 차례 이사 승진을 앞두고 미끄러졌다. 그를 돕기 위해 나도 그의 상사에게 틈만 나면 지원 사격을 하기도 하고 업무적으로도 그가 점수를 따는 데 도움이 되도록 일조하기 위해 애썼다. 어느 날 R팀장의 부하 직원에게서 자신이 팀장으로 승격됐고, 그는 지방으로 발령받았다는 연락을 받았다. 몇 년 간 R팀장과 수많은 이슈 속에서 동고동락을 해온 나로서는 아무런 연락이 없는 그에게 약간의 배신감마저 들었다. 아무리 지방 발령을 받았다고 하더라도 언젠가는 돌아올 수 있는 날을 기약하며 적어도 마무리 인사는 잘하고 갈 수 있었다는 생각에서다.

나는 그의 이런 사소한 행동에서 매번 승진에서 미끄러져 질 수밖에 없는 이유를 어렴풋이 알 수 있었다. 이에 대해 그의 상사인 H는 이렇게 말했다.

"R이 귀양살이를 갔지만 왕과 중앙 정부는 그를 계속 지켜보고 있다. 좌천된 본인은 당장은 속상하고 억울한 마음에 섭섭한 마음을 갖고 원망하겠지만 그가 제대로 된 사람이라면 원망의 시간을 거쳐 만회를 하기 위해 최선을 다할 것이다. 왕과 정부는 촉을 세워 그의 일거수일투족을 보고받고 있다는 것을 잊지 말아야 한다. 술만 퍼마시고 일은 뒷전으로 하면 영영 돌아오지 못할 것이다."

실로 무서운 소리였다.

나는 분명히 능력이 있는데 인정을 받지 못해 원하는 부서에 가지 못했다고 생각하면 오히려 보란 듯이 더 열심히 티 나게 일하라. 그러면 소문은 돌고 돌아 인사권자의 귀에 들어가 새옹지마처럼 다른 형국이 펼쳐질 수 있다. 위기는 새로운 기회가 되기도 한다. 왕이 바뀌거나 새로운 정부가 나타나면 다시 왕의 곁으로 오는 것은 물론 컴백할 때 영전하며 더 파워풀한 모습으로 부활할 수 있을 것이다.

보이지 않는 곳에서 입소문이 나는 사람이라면 반드시 다시 불러들이고 싶은 마음이 들기 때문이다. 의의로 믿을 수 있으면서 일도 잘하는 '인재 풀'은 숫자가 적은 편이다. 이 인재 풀에만 들면 조직 생활에서 장수할 수 있다.

Q. 후배의 능력을 어떻게 효과적으로 이끌어 내야 할까요. 잔소리와 격려 사이에서 고민 중입니다.

A. 당근과 채찍은 주로 부하 직원들과 함께 일할 때 자주 사용되는 단어다. 후배, 팀원 등 조직원의 능력을 최대한 끌어올려야 할 때는 분명 전략이 필요하다.

요즘 젊은 세대일수록 직장 상사들의 명령과 지시를 그대로 따라 하지 않는다. 주 52시간 근무가 법적으로 적용되는 회사가 아니라 할지라도 자체적으로 적용되는 기업들이 늘고 있는 상황에서 상사 눈치 보느라 늦게 퇴근하는 일은 이제 없다. 이제는 직장 내 괴롭힘 금지법까지 시행되면서 원치 않는 회식을 강요할 경우 징계감이 되는 시대가 열렸다. 긴급하지 않은데 밤늦게 메시지를 보내는 일도, 사적으로 심부름을 시키는 일도 불법으로 간주된다. 어쩌면 부하 직원을 다루는 것이 상사를 모시는 일보다 더 어려운 시절이 온 것이다.

어느 조직이나 8대 2의 법칙이 존재한다. 대다수의 8은 소수의 2에 묻어가며 편하게 살지만 팀이 작을 경우 8대 2가 그대로 적용되면 일 잘하는 소수의 상대적 박탈감은 갈수록 커지고 일 안 하는 다수가 분위기를 흐리게 돼 성과는 하향 평준화된다.

이렇게 부하 직원들도 소수의 일 잘하는 부류와 하향평준화를 거드는 부류로 크게 나뉘는데, 요즘처럼 톱다운 방식의 업무 지시가 통하지 않는 선진화된 시스템에서는 비바람을 몰아치게 만들어 옷깃을 더 여미게 하는 전략보다는 긍정적인 성과를 끄집어내는 햇볕 전략이 더 효과적이다.

젊은 나이에 초고속 승진을 한 대기업 계열사의 K부장은 자신보다 나이가 많은 부하 직원과 이제 갓 대학을 졸업하고 들어온 어린 후배까지 다양한 스펙트럼과 폭넓은 나이대의 직원들을 팀원으로 갖게 됐다. 자신은 상사의 눈치도 보고 조직의 발전을 위해 적당한 희생도 감수해 왔으며 하고 싶은 말을 가슴에 담아 가며 무난한 사회생활을 해왔다. 그러나 K부장은 최근 갈수록 낯선 후배들의 모습을 보고 큰 좌절을 느꼈다. 과거 선배, 상사에게 하고 싶은 말도 꾹꾹 참으며 회사 생활을 도 닦듯이 해왔지만 후배들은 속내를 모두 비치는 것은 물론 일을 많이 시킨다고 생각되면 이 부서를 떠나겠다고 K부장의 상사를 직접 찾아가 면담하는 일도 서슴지 않았다. 부서의 파열음은 결국 K부장에게 '리더십의 부재'라는 상처를 남겼다.

K부장은 고민 끝에 다수의 부하직원을 상대로 각각 다른 전략을 펼치기로 했다. 그는 각각의 직원들과 비밀스러운 일대일 관계를 만들었다. 소수의 일 잘하는 부하직원에게는

다른 직원들이 모르도록 철저한 인센티브를 제공했다. 예컨대 성과를 더 많이 내는 부하직원에게는 달콤한 휴식의 시간을 남몰래 제공한다거나 회사나 다른 관계사들로부터 제공받은 선물이나 포상을 함께 나누기도 했다.

그리고 성과를 낼 때마다 구체적인 칭찬을 곁들였다. 그들은 K부장이 하는 일을 성실하게 지원하겠다며 높은 충성도를 보였다.

성품은 나쁘지 않으면서 일 욕심은 있지만 선천적으로 '일 머리'를 타고나지 않은 사람들도 많이 만난다. 그들에게 하고자 하는 의지를 높여주는 것이 가장 중요하다. 일 욕심이 있다는 것은 인정받고 싶다는 욕구가 어느 정도 있다는 얘기다. K부장은 '믿음 요법'을 써서 그들의 업무 처리 능력을 끌어올리는 데 성공했다.

"나는 너를 믿는다"로 시작해 말의 끝마다 "나는 너를 믿기 때문에"로 마무리했다. 그 부하직원은 다른 동료들에게 "나의 상사가 나를 믿고 좋아한다"라고 말하고 다녔다. 믿음이라는 단어가 주입될 때 웬만한 사람은 그 믿음에 부합하는 행동을 하려는 경향이 있다(물론 처음부터 그런 것이 통하지 않는 인격의 사람은 배제하자). 믿음이라는 것이 기반이 되면 채찍을 조금 휘두른다고 해도 이를 비난과 질책으로 받아들이지 않고 자신을 성장시키는 거름으로 인식한다. K부장은 믿음 요법을 쓰면서 기다림의 미학을 실천했다. 원하는 속도로 따라와 주지 않는 직원을 보며 하루에도 몇 번씩 회의실로 불러내 잔소리를 하고 싶었지만, 그 직원과 비슷한 연차일 때 맞닥뜨렸던 한계나 어려움을 극복한 경험과 지금껏 쌓아 올린 노하우를 공유하는 것으로 대신했다. 그러면서 "일단 해 봐(던저 봐). 그 뒤에는 책임자인 내가 있잖아"라며 후배의 믿음에 확신을 주는 것도 빼놓지 않았다.

실제로 K부장은 딱히 행동으로 보여 준 것은 없었다. 그저 '너를 믿는다' '너는 할 수 있다' '네 뒤에 내가 있다'는 식의 든든한 멘트가 전부였다.

좋은 말도 계속되면 잔소리가 된다. 실수가 있을 때마다 지적질을 하면 잔소리로 들리게 마련이다. 그러나 상사는 어쩔 수 없이 실수가 반복되지 않도록 만들기 위해 계속 지적을 해야 한다. 그래서 긴장을 하도록 만들어야 한다.

지적을 할 때는 잘못된 것을 먼저 얘기하면 안 된다. 잘 한 것을 한껏 칭찬해 주고 맨 마지막에 잘못된 부분을 안타깝게 언급하며, '이 부분'을 잘했더라면 이건 완전 '퍼펙트야'라고(사실은 혼내면서) 부추겨 주는 식이다. 이를 통해 지적을 당하는 부하직원이 혼나는 것이 아니라 "100점 맞을 수 있었는데"라고 스스로가 아쉽게 만들어야 한다.

EBS에서 긍정적인 말이 먼저 나오는 것이 얼마나 중요한

지를 노숙자를 상대로 실험하는 것을 본 적이 있다. "나는 앞을 볼 수 없다"라고 쓰인 푯말을 앞에 두고 구걸을 하는 노숙자와 "봄은 왔습니다. 그러나 나는 봄을 보지 못합니다"라고 쓰인 푯말 앞에서 엎드려 있는 노숙자 둘 중에 어떤 사람이 더 동전을 많이 받았을까. 예상대로 말로 마음을 녹인 후자였다.

Q. 나에게 적대적인 사람은 어떻게 다루면 되나요. 그럴 만한 이유가 생각나지 않는데도 유독 나에 대해서만 까칠하고 비판적인 사람들이 있습니다.

A. 우선 상대가 나에 대해 적대적인 이유를 파악해야 한다. 상대가 나를 그렇게 생각하는 것은 첫째, 내가 자신을 위협하는 존재라고 생각해서 둘째, 내게 질투를 느낄 때, 마지막으로 그냥 내가 주는 것이 없이 미운 존재일 때로 크게 나뉜다.

상대가 상사건 후배건 간에 내가 그와 잘 지내지 않음으로써 내가 손해를 입는다고 하면 그가 나를 위협적인 존재로 보는 요소를 없애는 것이 중요하다. 목소리가 큰 사람들이 조직 사회에서 일단 승기를 잡는 경우가 많기 때문이다. 그 상대는 나를 눈앞에서 없애기 위해 있지도 않은 얘기를 퍼뜨릴 수도 있다. 하나하나 찾아다니며 내가 진실을 밝힐 수도 없는 노릇. 따라서 나를 위협적인 존재라고 생각하는 상대에게는 숙이고 들어가서 내가 너에게 위협이 되지 않는다는 것을 알리는 게 최상이다. 오히려 당신은 나와 상생하며 시너지를 내는 것이 훨씬 효과적이라는 점을 어필해 보자. 상대의 적대 행위에 대해 똑같이 나도 적대적으로 대하기보다는 어느 부분이 그를 자극하는지를 분석해 보고, 그 자극적인 요소를 없애는 방법으로 접근해야 한다.

　제나라의 선비 추양은 "여자는 예쁘게 생겼든 못생겼든 궁궐에 들어가는 순간부터 질투에 시달리고 인재는 능력이 있든 어리석든 조정에 들어가는 순간부터 시샘을 받기 마련"이라고 말했다. 사회가 존재하는 곳은 지구 어디라도 항상 유언비어와 중상모략이 있기 마련이다. 반복되는 말은 힘이 있다. 아무리 믿는 사람이라고 할지라도 그 사람에 대해 3번 이상 반복되는 험담이 이어지면 진실이 왜곡되는 법이란다. 불세출의 유세가 장의가 위나라 왕에게 "가벼운 깃털도 많이 쌓이면 배를 가라앉히고 가벼운 사람도 떼를 지어 타면 수레의 축이 부러진다. 또한 여러 사람의 입은 쇠도 녹이고 여러 사람의 헐뜯음은 뼈도 깎는다"라고 했다. 근거 없는 말이라고 할지라도 하고 또 하면 프레임에 갇혀 진실이 왜곡된다. 이 같은 프레임 전략의 핵심 요소는 지속과 반복성이다.

　대기업에 다니는 A팀장은 현재 자신이 맡고 있는 'K팀'의 전 사수였던 B팀장이 자신에 대해 있지도 않은 일들을 꾸며 모함하고 다닌다는 얘기를 들었다. B팀장은 K팀을 계속 맡고 싶었지만, A팀장이 자신보다 능력을 더 인정받았다는 사실을 인정하고 싶지 않았다. B팀장의 모함이 계속되는 가운데, A팀장은 이를 모른 척하며 그에게 저녁 식사 자리를 제안했다.

평소 B팀장이 아내 사랑이 특별했다는 점을 기억한 A팀장은 B팀장의 아내가 좋아할 명품 화장품을 준비했다. 이런 부류의 사람은 사실 선물 공세에 약하다. A팀장은 저녁 식사를 함께 하면서 "우리 팀과 선배(B팀장)의 팀이 시너지를 낼 수 있는 방안을 잘 찾아보자. 우리는 한 팀이다"라고 동지애를 강조하면서 자신이 위협적인 존재가 아니라 B팀장이 조직 내에서 지속 가능할 수 있도록 돕는 동반자적인 존재라는 사실을 논리적으로 어필했다. 이후 B팀장은 자신의 승진 등을 위해서는 A의 도움이 실제로 필요하다고 판단했고, A팀장에 대해 긍정적인 태도로 바뀌었다.

사회생활을 하면서 상대가 나를 질투하는 이유는 내가 그보다 일을 잘하거나 상사가 그보다 나를 더 좋아해서 같은 업무적인 이유와 선천적으로 내가 가진 것에 대한 질투 등 두 가지로 나뉜다. 전자의 경우 상대가 보기에 내가 상사에게 잘 보이려고 노력하고 있다는 생각을 하게 만들면 안 된다. 가뜩이나 일거수일투족 트집을 잡으려는 그의 앞에서는 오히려 업무에만 충실하고 쿨하고 시크한 모습을 연출하는 편이 좋다.

물론 인생 피곤하게 남의 시선을 그렇게까지 신경 쓰면서 살아야 하나 반문할 수 있다. 만약 이런 일들에 신경 쓰지 않는다면 그냥 내키는 대로 하면 된다.

그러나 전투적으로 다가오는 상대방이 신경 쓰인다면 굳이 상대를 자극할 필요가 없다. 일로 승부를 하고 일로 평가를 받는 모습으로 비치기보다는 상사에게 잘 보여서 고평가되는 것으로 오해해 나의 업무능력이 하향평가되는 것은 억울하니까 말이다. 일 잘하는 여유 있는 나는 이미 상사의 신임을 두텁게 받고 있기 때문에 상사 앞에서 적대적인 파트너의 장점을 오히려 언급하며, 구체적으로 칭찬하는 여유를 부려 보자. 이것이 그들의 마음을 조금이나마 위안하는 방법이다.

마지막으로 그냥 주는 것 없이 나를 미워하고 질투하는 사람은 어떻게 극복해야 할까. 사실은 그런 사람과는 타협할 방법이 없다. 그냥 감히 따라올 수 없는 수준으로 나를 업그레이드하자. 완전히 다른 차원과 등급으로 그가 나를 따라올 수 없을 만큼 저 위로 껑충 뛰어올라 나를 시기하는 것이 남들이 보기에도 '그저 질투'로 보일 수 있도록 말이다. 일이건 능력이건 성격이건 외모건 모든 면에서 지속적인 업그레이드를 통해 그와 내가 차원이 다른 상황으로 만들어 버려라. 아무리 그가 나에 대해 험담을 하더라도 그는 그저 남을 부러워하는 질투녀, 질투남에 불과하도록 말이다. 생각만 해도 통쾌하지 않은가.

자신과 타인을 구분하는 연습이 도움이 된다. 타인의 범위는 가족도 포함된다. 남이 한 얘기나 행동을 곱씹는 것부터 금해야 한다. 남의 모든 일에 무관심하라는 얘기가 아니다. 사랑, 관심, 협동, 신뢰 등 대인관계에서 발생하는 감정을 아끼라는 얘기가 아니다. 그저 남의 감정까지 지배하려 들지 말자는 거다. 각자 느끼는 고유의 감정에 관여하려 들고 바꾸려 하며 내가 원하는 감정을 공유하지 못한다고 해서 섭섭해할 것이 없다는 의미다. 그렇게 되면 상대의 감정에 휘둘리거나 좌우될 필요도 없다. 타인의 감정은 내 것이 아니니까.

상대가 내게 섭섭함을 느낀다면 할 수 없다. 내 마음을 알아 주지 않는다고 나도 섭섭할 필요가 없다. 그 사람이 뭐라고. 그냥 조금 멀어져도 상관없다고 생각해 보는 것도 좋겠다. 거기서 끝이면 인연은 거기까지라는 마음으로 쿨 모드를 유지하면 좀 살기 편하다.

Q. 생각이 다른 후배들과 어떻게 어울려야 할까요. 요즘 젊은 후배들 이야기를 듣고 있으면 저렇게 생각이 다르나 놀랄 때가 많지만, 솔직히 꼰대가 되고 싶진 않아요.

A. 여성들이 많은 대기업에 다니는 30대 후반의 Y과장은 "이제 막 입사한 신입사원이나 1980년대 후반에서 1990년대 생의 젊은 친구들은 자신이 중심이고 희생을 많이 해 본 적이 없지만 나와 내 선배는 분명 희생을 해왔던 세대입니다. 그러니 자신의 주장을 굽히지 않고 눈 똑바로 뜨고 소신을 밝히는 것을 듣는 것 자체가 도 닦는 행위이죠"라고 말한다.

후배와 선배 사이에 교묘히 끼어 있는, 적당 기간 직장 생활을 해오며 나름 커리어를 쌓아온 30대 중후반 직장인들의 고민은 아래 세대와 어떻게 어울리고 맞춰 줘야 하는 것인지 도통 모르겠다는 것이다. 또 밀레니얼 세대들은 요즘 급변하는 세대와 새롭게 떠오르는 세대들에 치여 어떻게 융합하고 어울리는 게 좋은지 모르겠다고 호소한다. 결국 어울리지 못하면 꼰대 같고, 어울리자니 이해가 안 가는 부분이 많다는 것이다.

우리는 누구나 살아가는 동안 영원히 세대와 문화가 다른 아래 세대와 갈등을 겪을 수밖에 없다. 앞으로의 세상은 1년

단위가 아니라 몇 개월 차이로 변하니까 더욱 그러할 것이다. 그러니 내가 살기 위해서는 죽을 때까지 다른 세대와의 소통에 힘써야 하는 것은 숙명이다.

후배들의 이야기, 일단 들어 준다. 그게 상책이다. 듣다 보면 이해가 가고 길이 열리는 법이다. 그냥 들어 주는 것만으로도 갈등이 해결되는 경우도 있다. 일반적으로 상사들이 자신의 말을 안 들어 주기 때문에 불만이 쌓이는 경우도 많기 때문이다. 실제로 듣지 않고 이해할 수도 없으니까. 중간에 끼어들어 내가 하고 싶은 말을 하고 싶더라도, 이 악물고 바늘로 허벅지를 찌르는 한이 있더라도 꾹 참고 들어본다.

어느 대기업 50대 후반 P대표는 후배들 사이에 인기가 많다. 후배들은 다른 선배들에 대해서는 꼰대라고 수군대며 회식 자리라도 잡히면 '약속 있다고 하고 내빼지만' 인기 많은 CEO가 주재하는 회식은 신입사원들까지 모두 모이려고 든다. 이유를 물었더니 그는 상대의 말을 경청한다는 것이다. 그 회사의 한 과장은 "사장님이 말씀을 하나하나 잘 들어 주시기 때문에 불만이 없다"라며 "불만 사항이 바로 해결되는 것도 아닌데 그저 나처럼 연차 어린 후배의 말을 경청해 주는 것도 큰 배려"라고 말했다.

주인공인 P대표에게 따로 물어 봤더니 "상대는 내가 딱히 얘기를 듣고 조치를 취하지 않는다고 할지라도 그냥 들어주기만 해도 많은 부분을 했다고 생각한다"라며 "듣고 나서 결과가 달라지지 않아도 나는 최선을 다한 것으로 인식하더라"라고 말했다.

듣는 것에서 조금 더 나아가 볼까. 그러면 이는 내게 피가 되고 살이 된다. 나의 더 나은 사회생활 혹은 가정생활에 거름이 되고 양식이 된다. 들으면서 내가 이해해야 하는 부분이 있으면 이해하려고 노력해 보자. 이해가 안 되는 부분은 솔직하게 나누면서 접점을 찾아간다. 상대도 나의 노력을 알게 될뿐더러 서로 노력해야 하는 포인트를 발견할 수 있다.

물론 자기중심적이면서 이기적이고 남을 받아들이지 않으려는 상대도 나타날 수 있다. 그래도 의도적으로 많이 어울려야 한다. 조직생활에서 앞으로 '에잇 포켓 키즈(양가 8명의 가족들이 자신을 위해 지갑을 열 만큼 곱게 큰 세대)'들과 협력하면서 잘 살기 위해서도 더욱 그렇다.

내가 아는 40대 중반의 미술감독이 있다. 그는 예술적인 일을 해야 하기 때문에 항상 트렌드에 민감해야 하고 오감을 상시 깨워놔야 한다. 그것이 그의 일이라서다. 이를 위해 도쿄, 청도, 타이베이, 베를린 등 다양한 도시를 다니며 트렌드를 입수하고 스터디한다. 국내에서 새로 열었다는 카페, 편집숍 등은 모두 섭렵하며 새로운 것을 업데이트한다. 그러나 그는 깨달았다. 보고 체험하는 것을 뛰어넘는 진짜 트렌드를 알 수 있는 방법이 있다는 것. 젊은 친구들과 어울리며 그들이 좋아하는 것, 그들이 가는 곳, 그들이 관심이 있는 것을 들어 주고 얘기를 나누며 정보를 수집하는 것이었다. 한 번은 감각이 남다른, 그래서 너무도 특이해 보이는 옷차림의 젊은 친구를 발견하곤 정중하게 얘기를 나누고 싶다고 요청했단다. 어느 카페에 갔다가 서빙을 하는 친구를 발견하고 그에게 알바 비용을 제공할 테니, 자신과 얘기를 나누는 시간을 가지면 어떻겠냐고 했다는 것. 그렇게 2~3시간씩 20대 초반의 트렌디 한 친구들로부터 들은 정보가 바로 살아있는 정보라는 것이다. '90년대 생을 다룬 책' 같은 것을 읽을 필요도 없다. 주변의 90년대, 80년대 생과 많은 대화를 나누고 그들을 관찰하면 젊어지기도 하고 트렌드에 뒤지지 않을 수 있다.

중학생들이 좋아하는 티셔츠와 브랜드가 있었다. 저런 것을 누가 입나 했는데 나중에 연예인들도 입고 나오고, 나도 칼럼으로 이를 다룬 적이 있다. 그 브랜드는 국내 주요 면세점에 줄줄이 입점했고 해외 수출도 잘 되고 있다. 주변의 조카와 같은 중학생들과 교류하며 트렌드를 미리 파악한다면 잘 되는 브랜드와 사업을 미리 캐치할 수 있을 것이다.

후배들이 좋아하는 것, 즐겨 가는 장소, 먹는 방법 등을 잘 살펴 보면 트렌드도 보이고 세상을 즐기는 색다른 방법도 얻을 수 있다. 당연히 후배들의 마음을 좀 더 알게 된다. 이해 안 가는 부분은? 그냥 이해하지 말고 이해 가는 부분만 받아들이는 것은 어떨까.

> **Q. 새로운 회사에 입사했습니다. 새 술은 새 부대에 담는다고 좋은 인상을 심어주고 싶어요.**

> **A.** 최소 한 달은 뉴 페이스에 대한 관심이 많다. 좋은 인상은 두 가지로 나뉜다. 겉으로 보이는 것과 실제 업무 능력이다. 일을 잘하는 것도 중요하지만 1달 동안 퍼포먼스를 내면 얼마나 낼 수 있겠나. 우선 이 조직에 필요한 사람처럼 보이는 것, 즉 성실해 보이는 것이 가장 중요하다. 그리고 조직에서 잘 융합되고 있는지도.

신입과 경력 둘 다 해당된다. 우선 어떤 일을 하느냐에 따라 첫인상을 효과적으로 연출할 수 있다. 패션 회사에서 일하는데 스타일링에 너무 신경을 안 써도 감각이 떨어지고 무능해 보인다. 뷰티 회사에서 일하는데 피부가 너무 나쁘거나 메이크업에 너무 신경을 안 써도 일을 못할 것으로 보일 수 있다. 반면 너무 보수적인 조직에서는 튀는 언행이나 스타일링이 독이 된다. 나의 컬러는 좀 더 시간이 지나고 융합이 됐다고 판단하면 그때 드러내는 게 낫다.

내가 어떤 분야인지에 따라 '일을 잘할 것 같은 인상'을 심어 주는 것이 필요하다. 그것은 결국 성실함이다. 처음에는 말을 너무 많이 하는 것도 좋지 않다. 쓸데없는 평가를 양산해 낼 수 있어서다. 결국 나에 대한 평가는 내가 만들어낸 언행을 기초로 이뤄지기 때문이다. 그러니 어려운 자리에서는 말솜씨를 좀 누그러뜨리는 '한국말을 영어처럼'이라는 우리만의 화법 전략을 떠올려 보자. 그리고 의도적으로 차분하게 보이도록 하자. 통통 튀는 신입사원이나 자신의 컬러를 곧바로 드러내는 경력사원 모두 한국의 조직 문화 속에서는 부담스러운 존재로 찍힌다. 웬 꼰대 같은 생각이냐고 물을 수 있지만 조직이라는 곳은 하나같이 비슷하다. 튀는 것에 대해 긍정적인 평가보다는 부정적인 평가를 하는 편이라서다. 20년 조직 생활을 하면서 확인한 것으로, 이는 어느 조직을 가도 100% 적용된다. 따라서 나만의 독보적인 장점이나 컬러는 조금 더 그 조직에 스며든 후 드러내면 된다.

신입은 그나마 공채 출신의 정통성이 강조되기 때문에 시작부터 이너 서클에 포함되지만 경력은 오히려 행동을 더 조심할 필요가 있다. 굴러온 돌로 인식되는 터라 시선이 집중되기 마련이며 박힌 돌들의 견제가 시작되기 때문이다. 특히 역사가 오래된 장수 기업일수록 정통성을 고수해 신입과 경력을 두고 차별이 심한 편이다. 애초에 경력으로 들어갈 때 고를 수 있다면 경력들이 많은 곳이 오히려 실력을 인정받아 차별받지 않고 승진 등에서 수월하다.

경력으로 옮길 때 좋은 점이 있다. 물론 평판 조회가 있었겠지만 이미 이를 통과한 상황에서 새롭게 옮긴 일터에서 내가 원하는 방향으로 이미지 변신이 가능하기 때문이다. 전 회사에서 이미지 관리에 조금 미흡한 점이 있었다면, 그 부분을 보완해 새로운 회사에서 원하는 이미지를 구축할 기회가 생기니까.

한 중견기업으로 옮긴 A씨는 평소 마음이 너무 약하고 '착한 언니 콤플렉스'에 시달리며 직원을 가족처럼 생각하며 살았다. 모든 직원들과 가족처럼 잘 지내야 한다는 생각에 거절 한 번 제대로 해 본 적이 없었다. 너무 힘들어서 거절을 했더니 오히려 사람 변했다는 취급을 받았다. 머슴처럼 일한 탓에 일은 모두 A씨에게 몰리곤 했다. 그는 새로 옮긴 회사에서는 인간적인 면을 내세우기보다 일로 선을 그었다. 이 일을 내가 안 하면 아무도 못할 것이라고 나만큼 잘하지 못할 것이라는 순교자를 자처하는 일도 그만뒀다. 회사에서 좋은 사람, 유능한 사람, 인정받는 사람이 되기 위해 덥석덥석 모든 일을 쌓아올려 바보같이 착한 척하다 실속을 못 챙겼던 과거의 모습에서 완벽히 벗어나려고 애썼다.

그랬더니 조직생활에서 인간관계가 더 편해졌다. 누군가 A씨가 부담을 느끼는 부탁을 하면 정중히 거절했고, 그는 이제 그 조직에서 만만한 사람으로 보이지 않게 됐다. 이전 회사에서처럼 섭섭하다거나 이럴 줄 몰랐다고 서운해하는 사람도 없었다. 확실히 선을 긋는 대신 일로 승부를 하는 자신감에 발을 딛고 A씨는 새 회사에서 부당한 일이 있으면 타당한 이유를 들어 이의를 제기했다. 그는 오히려 사리분별 강하면서도 똑 부러지는 성격의 소유자가 되어 있었다.

경력으로 옮기면서 새로운 환경에 적응하는 것이 힘들 수도 있지만, 원하는 이미지를 새로 구축하는 도전 장소로 생각하면 스트레스를 덜 받고 새로운 환경을 즐길 수 있게 될 것이다.

Q. 아무리 생각해도 지금 만나고 있는 사람이 인연 같지가 않아요. 서로 상처받지 않고 헤어지려면 어떻게 해야 할까요.

A. '아닌 남자친구 혹은 여자친구'와 헤어지고 싶다면 '부드럽게' 노(No) 하면 된다.

감정을 참지 않고 극단적인 선택과 행동을 하는 이들도 많이 봤다. 여자 친구가 헤어지자고 했다고 바로 엑셀을 밟고 도로를 질주하며 위협을 한다거나 급기야 폭력을 휘두르거나 극단적으로는 상대의 목숨을 빼앗기도 한다. 원래 순하고 착한 사람이 갑자기 변하는 경우도 있겠지만 그의 폭력성은 이미 내재돼 있었을 거다. 즉 끝까지 가기 전에 사귀는 동안 낌새를 알아차릴 수 있는 시그널들이 있었을 것이라는 얘기다.

처음부터 잘 골라서 사귀어야 하지만 인연이라는 것은 어찌 보면 참 운칠기삼(運七技三)인 것 같다. 사귀는 초반에야 상대에게 잘 보이기 위해 자신을 숨기는 경우가 많아서 상대의 성향이 어떤지를 정확히 파악하기는 쉽지 않다.

그러나 조금이라도 정상을 벗어난 이상한 행동이 보이고 나와 맞지 않는 부분이 발견된다면 웬만하면 헤어지는 것을 권한다. 사랑해서 내가 이해하고 보듬으면 된다고 생각할 수 있지만 만약 내가 포용할 수 있는 범위를 넘어선다고 생각하면 아무리 사랑하는 감정이 있다고 하더라도 이를 악물고 미래를 위해 뒤돌아서야 한다. 당장은 사랑하는 감정 때문에 참아낼 수 있는 것처럼 보이고 애써 덮어 보려 하지만 결국 그 이유가 내 발목을 잡아 나중에 더 큰 아픔을 겪는 경우를 많이 봤다.

지금은 40대 후반이 된 한 대기업의 S상무는 20대 때 남성들이 외모를 칭찬하면 무조건 그에게 마음을 주었다고 한다. 나를 예뻐해 주는 게 너무 고맙고 인정받는 것 같아서 덮어놓고 마음을 열었다. 외항선 선장인 S상무의 아버지는 항상 집을 떠나 있었고 어머니는 자녀 넷을 혼자 키우느라 항상 엄격했기 때문에 언제나 '따뜻한 사랑과 예쁘다는 평가'에 목이 말랐다. 한 번은 감정의 기복이 심한 남자친구를 사귄 적이 있었는데, 기분이 좋을 때는 한없이 따뜻한 사람이었다가 우울함 속에 침잠하던 때는 모두 감정을 그녀에게 쏟아냈다고 한다. '이건 아니다'라고 생각했을 때 이별을 했어야 했는데 오히려 그의 마음을 더욱 잡으려는 마음에 헌신적으로 감싸 안았다. 자신을 함부로 대하는 남자친구 앞에서도 나만큼 좋은 여자가 없다는 인식을 심어 주기 위해 참았다는 것이다. 사랑받기를 통해 자기 자신을 인정받고 싶어 했던 탓에 그녀는 매번 남자를 만날 때마다 항상 군림하고 여자친구에게 갑질하는 남성과 엮였던 것 같다고 과거를 회상했다.

S상무는 "눈치를 보는 습관에 젖어 내 마음이 일단 떠났는데도 관계를 정리하지 못했으며 되지도 않게 착한 여자 콤플렉스도 작동했던 것 같다"라고 털어놓았다. 사귀던 남자친구가 너무 고압적이고 이기적인 탓에 일찌감치 그녀의 마음이 떠났는데도 '그만 만나자'는 말을 꺼내지 못하고 우유부단해 군대 간 남자를 억지로 기다린 적도 있었다. 3년이라는 그 청춘의 기간 동안 얼마나 좋은 인연을 스쳐 지나갔을까. 이를 모두 차단하고 신뢰를 지킨다는 어리석은 생각에 발에 맞지도 않은 고무신을 아파 죽겠는데 억지로 신고 있었던 것이다. 군대를 다녀온 후 결국 남자 친구와 결별했는데, 자신을 3년간 기다려 줬다는 것에 고마움도 느끼지 못한 채 남자친구는 그녀에게 심지어 "정신적 고통의 비용을 물어달라"라는 어처구니없는 손해 배상까지 운운하는 통에 크게 애를 먹었다. 그 이후에도 그녀의 연애는 거절하는 법을 몰라 삐거덕 거렸고, 이 같은 수난이 반복되자 그냥 마음을 닫아 버리고 극단적으로 싱글 라이프의 삶을 택했다.

시그널을 무시하지 말자. 나 자신의 촉을 믿자. 내가 제일 잘 알고 있다. 어떤 부분 때문에 서로 안 맞고 헤어지는 게 나은지, 이 사람과 헤어지는 것이 나은지 여부를 꼭 점성술이나 타로카드, 명리학자에게 물어 보는 사람들도 있다. 나,

그리고 상대와의 관계를 나만큼 잘 아는 사람도 없는데 왜 다른 데 가서 묻는 헛수고를 하는가.

"이 사람과 아닌 것 같은데 어떻게 해야 할지 모르겠어요."

아닌 것 같은데는 무슨 아닌 것 같은가. 그냥 아닌 거지. 그게 남자건 여자건 상사건 후배건 간에 모든 사람 관계에서는 '… 같은데 글쎄…'라는 생각이 들면 그냥 아닌 거다. 특히 사랑은 더욱 그렇다. 관계에 불순물이 끼어들면 그 불순물이 결국 관계를 오염시킨다.

중소기업에 다니는 U팀장은 9년 가까이 연애를 하고 결혼한 지 2년 만에 아이와 함께 자유의 몸이 되어 돌아왔다. 결혼 전에도 독자인 남편이 '마마보이'인 탓에 몇 번을 헤어질 뻔하다가 그동안 함께 해온 시간에 대한 미련 때문에 결혼을 했다고 털어놨다. 결국 U팀장을 괴롭힌 똑같은 이유로 2년간 서로를 아프게 하며 그동안의 인연을 마무리하기에 이르렀다. 만약 헤어져야 할 때 제대로 헤어졌더라면 그들은 서로에 대한 사랑을 오히려 더 아름답게 기억할 수도 있지 않았을까?

'이건 아닌 것 같다'는 이상신호가 나타나면 우선 관계를 다시 생각해 본다. 아닌 이유가 분명히 있다면 그리고 그 이유가 해소되지 않으면 그냥 관계를 정리해야 한다. 끝까지 아니라는 판단이 들면 방식은 부드럽게, 마음은 단호하게 정리를 하자. 여기서 중요한 것은 '부드럽게'다. 상대를 자극하면 하도 세상이 험악해 최악의 경우 뉴스에 나오는 일이 발생할 수도 있으니 말이다.

  한편 헤어지고 난 뒤 고통스러운 그 시간을 즐겨 보는 건 어떨까. 침잠하는 시간을 나를 돌보는 계기로 활용하는 것이다. 대신 술 마시고 슬픔에 푹 빠져 살아 나를 혹사시키고 손해 보는 행동은 하지 않으면 좋겠다. 꼭 술로 먼저 풀고 싶으면 그냥 며칠이면 족하다. 지나간 시간에 아쉬워 말고 다가올 기회를 기대하면 오히려 지금의 슬픔을 기다리는 즐거움으로 승화할 수 있을 것 같다. 날 힘들게 했던 사람과 떨어져 보면 숲 안에서 나무를 보던 것에서 숲 밖에서 전체를 보는 것 같은 느낌이 든다. 객관적으로 보게 된다는 거다. 길거리를 지나다가 헌팅을 해도 거리낌이 없고 동시에 여러 명의 멋진 사람을 만나 '누구를 고를까' 고민해도 죄의식이 없다. 왜, 난 이제 자유니까. 새로운 인연에 대한 기대감으로 가벼운 발걸음을 디뎌 보자.

Q. 예뻐지고 싶은데 돈이 없어요. 미모 업그레이드는 재력이 되는 사람만 가능한 것 아닌가요. 현실이 씁쓸합니다.

A. 물론 연 1억 원을 쓰며 자기 관리를 하는 어느 정치인도 있다지만 우리 대부분은 지방에서 서울에 올라와 월세, 생활비, 출퇴근비, 사회생활 품위유지비로 지갑이 얇다. 모두 수입에 따라 예산을 짜야 한다. 재력이 되는 사람은 피부과, 스파, 두피 트리트먼트, 헬스클럽에 1~2개 정도의 레저스포츠 등에 배분해 투자를 할 수 있겠지만, 재화가 한정돼 있는 우리 같은 샐러리 맨은 한 달에 내게 투자할 수 있는 비용을 제한해 놓고 그 범위 안에서 진행해야 한다. 중요한 건 적어도 순수하게 나한테 쓰는 비용이 있어야 한다. 단 1만 원이라도 말이다.

하지만 그것도 힘들다면 방법이 있다. 가장 쉽지만 어떻게 보면 또 가장 어려운 것이기도 하다. '하지 말라는 것'을 안 하는 일명 '심언니의 네거티브 관리 전략'을 따르는 것이다. 나쁘다는 것만 하지 않음으로써, 좋다는 데 돈은 엄청 쓰면서도 나쁜 것은 다 찾아 하는 사람보다 더 관리 잘 된 모습을 유지할 수 있다.

값비싼 화장품을 사고 피부 관리를 받을 수 없다면, 노화의 0순위 요인이라는 자외선만 잘 차단해도 된다. 여행지를 가던 출퇴근길, 혹은 친구들과의 모임 등 평소 양산을 적극 활용해 피부에 나쁘다는 자외선을 차단하는 습관을 들인다. 굳이 피부과에 가서 돈 쓰고 시간 쓰며 IPL(주근깨, 기미 제거 고주파)이나 미백 토닝과 같은 레이저를 하지 않아도 될 것이다. 자외선은 머리카락도 늙게 한다. 자외선에 심하게 노출되면 머리카락도 바짝 타고 훼손돼 이를 회복시키려면 시간과 돈이 들어간다.

　자외선 차단제는 물론 기본이다. 화학성분이 많은 유기 자외선 차단제보다 메이크업 베이스 효과까지 덩달아 볼 수 있는 무기 자외선 차단제를 권해 본다. 서경배 아모레퍼시픽 회장은 기자 간담회에서 자신의 피부 관리 비결은 "자동차 안이건 사무실이건 눈에 보이는 곳에 자외선 차단제를 놓고 수시로 자외선를 막는 것"이라고 말한 바 있다.

　둘째 피부에 좋지 않다고 하는 불규칙한 생활을 끊어내자. 늦게 자고 늦게 일어나기, 폭음과 폭식, 스트레스 등을 최대한 피하도록 하자. 피부에 돈을 엄청 쓰면서도 이런 불규칙한 라이프를 유지하는 사람은 아무것도 투자하지 않은 대신 건강한 라이프를 지켜온 사람보다 피부가 훨씬 나빠 보인다. 사실 어릴 적부터 어른들이 하지 말라고 하는 것만 지켜도 현재 우리가 꿈꿨던 삶을 살고 있을 것이다. 그냥 좋지 않다고, 하지 말라는 것은 하지 않는 게 돈과 시간을 아끼는 길이다. 오늘 저녁에 좀 많이 먹었으면 내일 그만큼 덜 먹고, 스트레스라는 단어가 지배하지 않도록 그 단어는 배제하고 살아 본다. 안 좋은 것을 없애 나가는 습관을 들이면 삶이 참 가벼워지고 심플해진다.

더 나은 건강과 활력을 위해 비타민, 홍삼 등 영양제를 사는 것도 부담스럽다면 그냥 몸을 차게 만들어 면역력을 떨어뜨리는 일을 삼가면 된다. 예컨대 여름이라고 얼음이 가득한 물이나 커피를 마시는 행위는 나에게 그냥 독이다. 중국에서는 아무리 더운 날에도 식당에서 얼음 물을 찾아 볼 수 없다. 손님에게 얼음 물을 내놓는 것은 그냥 '죽으라는 얘기'와 같다고 생각한다는 것이다.

현대인은 몸을 너무 차게 만들어 면역력을 떨어뜨려 성인병을 초래한다. 당뇨병, 골다공증, 비만, 불임, 치매 같은 것도 결국 1도의 차이 때문이란다. 체온 1도만 올려도 몸의 저항력이 생겨 건강해지고 자연스럽게 생기발랄해진다. 배꼽티가 예쁘긴 하지만 배를 차갑게 하는 행위, 얼음으로 장기를 모두 채우려는 행위, 겨울에 멋 부린다고 양말을 안 신고 발을 차갑게 만드는 용기 등을 부리지 않으면 된다. 뜨거운 음료가 싫으면 그냥 미지근하게 마시자.

폭음도 피하면 된다. 술을 입에 대지 말라는 얘기가 아니다. 그냥 술을 즐기기만 하라는 거다. 폭음은 항상 뒷감당이 안 되는 문제를 일으키며 실수를 수반한다. 폭음만 안 해도 살도 덜 찌고 덜 늙고 피부도 덜 칙칙해진다.

  이 모든 것이 정말 어려우면 사실 그냥 포기하고 살면 된다. 대신 나와 남을 비교하고 상대적 박탈감과 시기, 질투를 느끼지 말자. 그냥 자기 자신을 있는 그대로 받아들일 마음가짐만 장착하자.

Q. 나이를 먹는 것이 두려워요. 더 이상 젊음 뒤에 숨을 수도 없고 투정을 부릴 수도 없네요.

A. 박경희라는 작가의 『여자 나이 마흔으로 산다는 것』이라는 책이 있다. 여성들이 나이 마흔이 될 때 얼마나 질풍노도의 시기를 겪으면 이런 책이 다 나올 정도일까라는 생각이 든다.

나 역시 마흔이라는 세계에 억지로 끌려들어오지 않고 당당히 멋지게 걸어 들어올 생각으로 20대부터 그토록 철저히 준비해 왔건만, 39세 겨울바람은 유난히도 살을 후벼 팔 정도로 매서웠다. 인생을 100세 시대로 봤을 때 아직 반도 못 살았으니 나머지 새로운 2부 인생을 더 활기차고 밝게 시작할 수 있다는 원론적인 얘기는 귀에 들어오지도 않았다. 난 여자로서의 인생을 마감하는 듯 폐경기가 온 것처럼 그렇게도 처절히 슬펐다. 삼십 대를 지나치게 열심히 살았던 탓인가. 마흔이 되던 그 해 1월 1일 태양은 그 전날의 태양과는 다른 듯했다.

그땐 왜 그랬을까. 일단 타인들이 여성을 바라보는 시각에 민감했던 거다. 중년이라는 단어도 너무 버겁게 느껴졌다. 이제 내 나이에 철없는 행동은 '익스큐즈(Excuse)'가 되지 못할 것이라는 중압감도 컸다. 난 영원히 사랑스럽고 통통 튀는 양파 같은 여자로 남고 싶은데, 귀여운 40대는 정말 꼴 보기 싫지 않은가. 긴 머리의 40대는 너무 무섭잖아. 뒤에서 볼 때 젊은 여자인 줄 알았는데 앞을 보니 주름이 자글자글 한 중년의 여성이면 이건 거의 악몽 아니겠냐며. 중년이 되어 긴 머리 스타일이면 남에게 민폐인 줄 알았다.

기자라는 멍에에 갇혀 여성성을 숨겨온 것도 한편으로는 열이 치밀어 올랐다. 누가 나를 그렇게 여자로 본다고 혼자 강박에 사로잡혀 취재원에게 여자로 보일까 봐 터프한 척은 다 하고 살았던 거다. 옷도 일부러 벙벙하게 입고 원피스는 거의 사 본 적도 없고 물론 두꺼운 다리 탓을 하며 치마를 입지도 않았다. 찬란했던 30대 꽃을 활짝 피워 보지 못하고 그때 내가 왜 남의 시선을 신경 쓰며 나만의 여성성을 만끽하고 누리지 않았을까 아쉬움이 크다 보니 시곗바늘을 돌리고 싶을 정도로 30대에 대한 그리움이 컸다.

이제 딱 마흔이 된 교수 S도 당시 나와 비슷한 폭풍 성장기를 겪고 있다. 내게 불어닥쳤던 마흔 폭우에 대해 얘기하면서 S의 허한 마음에 공감을 하자 그는 자신이 알고 있는 마흔 친구들 또한 같은 심정으로 힘들어하고 있다고 말했다.

대화 도중 깨달았다. 그녀와 나의 공통점을. 우리 둘 다 우리가 여자였음을 제대로 누리지 못했고, 모든 일을 도맡아 하면서도 스스로에게 관대하지 못했으며, 그런 자아에 대한 연민이 강했다. 가장 중요한 것은 스스로 모범생의 길을 걸어오며 20~30대에 제대로 인생을 즐기고 말마따나 '방탕하게' 한번 놀아보지 못했던 거다.

그렇게 마흔 앓이를 지나고 나니 깨달은 게 있다. 그렇게 주변을 의식하고 살았지만 사실 아무도 나를 신경 쓰지 않고 관심도 없었다는 것. 지나고 보니 내 나름 '기자스럽게' 보이려고 터프하게 굴었지만 사실 '페미닌하게' 타고난 모습 그대로 보였던 것이다. 긴 머리의 중년 여성이 무서울 것 같다고 걱정했던 나는 심지어 지금은 등을 훌쩍 내려오는 긴 머리가 트레이드 마크가 됐다. 20~30대에도 해 보지 못했던 긴 머리 스타일이다.

젊은 시절을 웃으면서 돌아 보려면 지금 이 순간을 즐겨야 한다. 내가 왜 그때 놀아 보지 못했을까 억울하지 않도록, 미래에 아이와 남편 탓을 하며 그들이 내 인생의 발목을 붙잡았다고 원망하지 않도록 여한 없이 놀 만큼 놀아야 한다. 결혼을 한 후에는 현실적으로 내 자유시간을 갖는 게 쉽지 않다. 스스로 이래도 되나 싶을 정도로 즐겨라. 다시는 돌아오지 않을 가장 아름다운 젊음을 소유했을 때 이를 만끽하자.

현재 40대를 걷고 있는 나는 진정한 중년의 매력을 알았다. 하지만 그것도 지속적인 자기 투자로 매력적인 안팎을 갖추고 있을 때에야 그 매력이 20~30대보다 더욱 치명적으로 발산할 수 있다는 사실도 알아야 한다. 30대도 울고 갈 외모에다 무지갯빛 스펙트럼을 갖춘 다양한 콘텐츠와 삶의 지혜와 내공, 20~30대 여성에게서는 느낄 수 없는 넓고도 깊은 이해심으로 무장한 불혹의 여성은 가히 치명적이지 않을까. 여기에 일을 하고 있다면 그 전문성이 가장 정점을 이루고 있을 때이니만큼 중년 여성의 지성은 유혹적이기까지 하다. 마흔 정도가 되어야 인생의 참 의미를 깨닫고 자신이 가진 매력 자본을 적극적으로 활용하는 기량을 발휘할 줄 안다. 너무 어려서 내가 생각하는 본능과 직감을 믿지 못하는 나이가 아니라 옳고 그른 것, 좋아하고 싫어하는 것을 스스로 정할 수 있는 진정한 '어른 여자'로서의 섹시한 사람으로 극대화된 나이가 바로 마흔부터다.

    그러나 기억해야 할 것 있다. 나이 들수록 더 매력적인 '팜파탈(Femme Fatale) 파리지앵'처럼 매혹적인 마흔은 준비된 사람만이 맞이할 수 있다는 사실을 말이다.

Q. 회사에서 마음을 나눌 사람이 없는 것 같아 외롭습니다. 일에만 집중하려고 해도 하루에 대부분을 보내다 보니, 마음이 맞는 사람이 그립네요.

A. 패션회사에 다니는 A주임은 옆 부서의 2년 위 선배 O대리와 친자매처럼 친해졌다. A주임은 평생지기 언니가 생겼다는 생각에 그에게 항상 시시콜콜 속내를 모두 털어놨다. 같은 부서가 아니다 보니 당장 이해관계가 엮일 것도 없었고, 회사 생활의 외로움도 덜어낼 수 있었다. 남자 친구 문제와 같은 개인적인 사생활은 물론 업무 문제, 가정의 경제적인 문제, 심지어 벽을 허문다면서 어릴 때 유복하지 않게 살아온 과정 등을 시시콜콜 털어놓기도 했다. 사실 선배에게 그는 거의 발가벗겨졌다고 해도 과언이 아니었는데, 그들은 어느 날 같은 부서가 됐다. 선배는 성실과는 거리가 멀어 적당히 눈치 보고 적당히 일하며 복지부동의 삶을 추구했다. 반면 A주임은 일을 찾아서 하는 일개미였다.

A주임은 몇 달 뒤 이상한 소문을 들었다. 친자매 같았던 O대리가 "A주임은 유년 시절 어렵게 보낸 탓에 상승 욕구가 강하다. 학교 콤플렉스가 있어서 인정 욕구가 강하다. 무능한 남자 친구를 뒷바라지 하느라 바쁘다"라고 여기저기 떠들고 다녔던 것이다. O대리를 믿고 뒷담화를 했던 A주임의

선배는 이미 O대리와 한 편이 되어 A주임을 유령 취급하며 따돌리고 있었다. A주임은 "O대리를 친언니처럼 믿고 선후배 및 동기를 비난한 적이 있었는데, 그런 내용을 상대방이 모두 알고 있는 것 같다"라고 털어놨다. 결국 A주임만 나쁜 사람이 되어 있었고, 그는 인간관계 때문에 다른 회사로 자리를 옮겼다.

많은 이들이 회사라는 조직에서 가끔 착각하는 경향이 있다. 특히나 여성들이 많은 회사에선 동료 이상의 애정을 교환하는 사적인 인간관계를 기대하며 꼭 '언니' '동생'들을 만들어야 안심을 한다는 것이다. 의지하고 믿을 만한 언니가 생기는 것은 든든한 일이지만, 잊지 말아야 할 점이 있다. 노동 서비스를 교환하는 직장에서 인간관계의 본질은 무엇보다 공적이라는 점이다. 업무와 승진, 상사와의 관계 등이 얽혀 있는 조직생활에서 그 언니들과의 관계가 언제 어떻게 될지 모르는데 너무 개인적인 얘기를 늘어놓다가 그게 부메랑이 되어서 내 뒷덜미를 잡는 일은 수도 없이 많다. 꼭 일터에서 내 이성문제, 상사에 대한 뒷담화, 쇼핑 정보 등 시시콜콜 속을 나누며 팔짱을 끼고 다니는 직장 내 소울메이트가 있어야 할까.

개인마다 성향이 다 다르기는 하지만 많은 여성들의 경우, 외로움의 전염이 남성보다 두드러지는데 풍부한 감수성이 외로움 지수를 높인다고도 한다. 그런데 꼭 누군가와 함께 있어야 한다는 강박관념을 버리면 조금은 자유로울 수 있다. 회사는 학교도 아니고 친밀성을 기반으로 전인격적인 관계를 형성하는 1차 집단도 아니니까 말이다. 단짝 동료를 꼭 만들지 않더라도 적절한 거리를 유지하면서 신뢰감이 쌓여 있는 관계가 훨씬 안정적이며 정신건강에 좋다. 그리고 이런 관계가 회사를 떠나도 의외로 오래간다.

또 어떤 이들은 회사에서 이상하게 연대하는 것을 즐기는 경향이 있다. 이런 사람들은 공동의 적을 만들면 피를 나눈 동지처럼 끈끈해진다고 생각하는 모양이다. 모여서 싫어하는 선배나 동료 욕을 하다 보면 같은 공감대로 갑자기 친해진 것 같다는 착각을 한다.

초등학교 때 화장실도 같이 가는 단짝 친구를 만들어야 안심이 됐던 아이들처럼 이렇게 성인이 되어서도 어딜 가더라도 단짝이 있어야 불안함을 느끼지 않는다면 아직까지 성숙하지 못한 거다.

한때는 그렇게 자신과 상사를 뒷담화하던 동료가 어느 날 또 상사와 언제 그랬냐는 듯 그의 옆에 찰싹 붙어 있는 현장을 많이 목도한다. 혹시 나와 나눈 수많은 내용을 상사에게 전하지는 않을까 그 두 사람의 눈치를 보고 근심하고 있는 나를 발견하기도 한다.

조직 생활에서 동료는 동료일 뿐이지만, 그럼에도 불구하고 좋은 사람을 만날 수 있다는 희망은 놓지 말고 살자. 하지만 회사 동료를 대할 땐 '내 맘 같겠거니' 하는 기대는 우선 접어두는 게 맘 편하다. 가족도 아닌데 내 편이 어디 있나. 그러니 시시콜콜 회사에서 돌아가는 일을 모두 함께 나누려고도 말고 속을 다 털어놓아야 외롭지 않다고 생각하는 마음도 거두어 보자. 행여 누군가를 비난하고 싶다면 퇴근 후 '임금님 귀는 당나귀 귀'라고 내 집 벽에다 대고 외치는 게 낫겠다.

Q. 월요일, 정말 회사 가기 싫어요. 그래도 가야 하는 현실, 출근길이 좀 더 즐겁고 유쾌해질 순 없을까요?

A. 나도 일요일 밤은 유난히 심란하고 월요일 아침에는 몸이 무거워 침대에서 몸을 빼내기 여간 쉽지 않으며 목요일 저녁부터 주말 모드로 어깨가 들썩이는 평범한 샐러리맨이다. 그래도 집에 있어 행복한 일요일 밤에 아직 오지도 않은 월요일 문턱에서 호흡이 곤란해지는 것을 매주 느껴야 한다니. 일을 하는 동안은 이 사이클이 영원히 반복될 텐데 월요일을 보는 시선을 바꿔야 나의 일상이 행복해지겠다는 생각이 들었다.

희한하게 임산부에게는 길거리 임산부가 모두 보이고, 막 쌍꺼풀 수술을 한 사람에게는 다른 이들의 쌍꺼풀만 유독 눈에 들어오는 법이다. 내일부터 황금연휴가 펼쳐지는 오늘 출근길은 날마다 다니는 길인데도 명랑하고 발랄해 보인다. 어렵게 보면 어려운 세상이며 내가 웃으면 세상도 웃는다. 월요일을 맞이할 때도 같은 시각을 적용하면 된다.

일단 월요일은 출근하기 싫다. 주말에 쉬었는데 무슨 결과물이 있다고 월요일 아침에 꼭 회의를 하는지 책상에 앉는 순간 산적한 메일과 함께 회의들이 줄지어 서 있다. 세상은 내 마음에 달려 있다 했으니 우선 출근하고 싶은 마음으로 바꿔 먹어야 하겠다. 그러려면 일요일 밤 잠자리에 들면서 내일 일찍 일어나 설레는 기분으로 출근하고 싶다는 생각을 갖도록 해야 한다. 그런데 어찌 그리 마음먹는 게 쉬울까.

월요일에는 나에게 기를 불어넣어 줄 만한 기분 좋은 옷으로 스타일링 해놓고 스스로 밝게 출근하는 모습을 연상하며 즐거운 주문을 걸어 놓는다.

컬러 테라피에 따르면 색은 생리적인 현상은 물론 감정에도 영향을 미친다. 색은 빛이 사물에 반사되거나 흡수되면서 나타나는 것으로 각 사물마다 빛의 흡수율이 다르기 때문에 색도 다르게 나타난다. 각 사물마다 가지는 고유의 색은 시신경을 통해 우리의 뇌가 이를 인지하게 되고, 중추신경계에서 수천억 개에 달하는 세포들이 바쁘게 미세한 정보들을 교류하게 된다. 이로 인해 우리는 색에 의해 자극을 받게 되는 것인데 시각적 자극을 통해 우리 몸과 정서에 여러 영향을 준다는 것이다.

따라서 어떤 색의 옷을 선택하느냐에 따라 그날 나의 기분이나 나를 바라 보는 이들의 기분도 달라질 수 있다는 얘기가 된다. 그래서 월요일을 가장 화려한 날로 만드는 것이다. 저 멋진 옷을 입고 다음날 어디 갈 곳이 있다는 사실에 기뻐하며. 무인도에서 혼자 산다면 누가 나를 봐 준다고 차려입고 나가겠나. 내일 아침 당장 나갈 곳이 있다는 것도 참 감사한 일이다.

평소 바빠서 전날 들던 가방을 정리도 못하고 그대로 들고 나가지만, 월요일만큼은 연필 케이스에 만년필까지 세심히 챙기고 미스트, 립밤, 핸드크림 등으로 채워진 화장품 파우치며 티슈 등 가방 속까지 깨끗이 정돈해 차려입을 옷과 함께 옷걸이에 걸어 둔다. 여기에 잘 어울리는 신발도 꺼내와 현관에 가지런히 놓아둔다. 이렇게 풀세트가 준비됐다 싶으면 숙면을 취하기 위해 꿀잠을 부른다는 아로마 숙면 오일을 베개 양쪽에 한 방울씩 떨어뜨리고 일찌감치 기분 좋게 잠을 청한다. 잠이 쉽게 오지 않는 밤에는 온열이 되는 일회용 숙면 안대를 활용하기도 한다. 일요일 숙면은 한 주를 여유 있게 여는 마법의 주문 같은 것.

월요일 점심 약속은 평소 좋아하는 사람과 잡아놓는 편이다. 일요일 저녁 다음 주 스케줄을 보고 월요일 점심부터 기다리던 사람이라는 것을 알면 또 작은 기쁨이 번진다. 금요일에는 그날 자체로 들떠 있어 누구와 약속을 해도 좋으니 금요일은 오히려 균형감각(?) 차원에서 평소 무거운 주제를 가진 사람과 점심 약속을 잡아도 좋다는 생각이다.

여기까지는 월요일을 맞는 준비다. 월요일 아침 출근길에 보통 직장인들은 오늘 그리고 이 주에 해야 할 '머스트 투두(Must to do)' 리스트를 머릿속에 그린다. 하지만 나는 일단 자리에 앉아 일이 시작되지 않은 한 출근길부터 머릿속을 복잡하게 만들고 싶지 않다. 다만 주말에 신나게 놀기 위한 기획을 한다. 정신없이 일하다가 주 중의 피크인 수요일을 그냥 보내고 목요일을 맞이할 즈음 급하게 주말 계획을 세우다 보면 예약이든 뭐든 차질이 생기기 때문이다. 친구와의 여행이든 영화, 공연, 전시회 계획을 세워놓건 아니면 이번 주말은 완벽히 힐링의 시간으로 혼자만의 미식 여행을 계획해 놓건 주말을 불태울 구체적인 콘텐츠를 생각하며 월요일 출근길을 걷는다면 당장 버틸 힘이 생긴다.

C그룹에 다니는 L은 "토요일 아침 평창동의 유명한 브런치 가게에서 샌드위치를 먹고 탁구 수업을 갔다가 점심에 청담동 레스토랑에서 식사를 한 후 저녁에는 친구 생일파티, 일요일에는 아침 미사 후 북 카페에서 하루 종일 책 읽기와 같은 식의 구체적인 계획을 월요일에 세워놓는다"라고 했다. 이런 계획들을 생각날 때마다 다이어리에 메모하는 재미와 함께 한 주의 7일 가운데 단 이틀만 주어진 내 소중한 주말을 꿈꾸며 힘든 주 중을 버텨나간다는 것. 기다림조차 힐링이 되는 시간이다. '네가 오후 4시에 온다면 난 3시부터 행복해지기 시작할 거야'라는 어린 왕자의 기다림의 미학을 월요일부터 즐기는 재미도 쏠쏠한 것 같다.

말은 이렇게 하지만 일요일은 격주로 출근하기 때문에 지난 20년간을 매번 '기자를 해야 해 말아야 해'를 고민했다. 그래서 나는 월요병도 월요병이지만 이미 토요일 저녁부터 일요일 아침 출근 공포증을 겪은 적이 한두 번이 아니다. 말 그대로 "이 악물고 다닌다"라고 할 정도였다. 그러나 어차피 피하지 못하는 파도라면 물을 먹지 말고 그냥 파도를 타고 즐기는 게 낫겠다 싶었다.

육아로 인해 주 중보다 피곤하다면 더 피곤할 수 있는 주말을 보내고 나온 월요일 아침 한 후배가 이렇게 말한다.

"선배! 항상 반짝반짝 에너지가 넘쳐요. 머리부터 발끝까지 '매니징' 한 것 같아요."

사실 그때 나는 월요일 아침부터 지쳐서 큰 숨을 들이쉬며 심호흡을 하고 있었는데, 후배의 생각지 못한 격려로 다시 "그래, 즐거운 월요일이야, 나는 나올 데가 있어, 나의 매니징 된 모습을 보여 줄 사람들이 있어"라고 정신을 차릴 수 있었다.

| 에 | 필 | 로 | 그 |

이제는 나에게 예쁘게 말을 걸고 싶다

예쁜 말 다음은 무엇일까요.

예쁜 말 다음은 예쁜 말입니다.

'사랑하는 ○○씨'라고 던져 보세요. 메아리처럼 '사랑하는' '존경하는' '최애하는' '아끼는'과 같은 고운 수식어가 그대로 붙은 채 돌아옵니다.

사람의 마음은 다 똑같습니다. 누구든지 예쁜 말을 듣고 싶어 하고, 예쁜 말에 마음을 엽니다. 그리곤 다시 자신이 들은 고운 말을 상대에게 전합니다. 이게 바로 예쁜 말의 선순환입니다.

'예쁜' '예쁘게'는 그 자체로 순수한 뜻이지만, 우리는 이 말에 우리 시대의 선입견과 편견을 넣어 바라 보기도 합니다.

꽤 오랜 시간 그리고 꽤 많은 이들이 여성에게 강요되었던 외모 기준인 '코르셋'과 동격으로 '예쁘다'는 단어를 함께 써왔습니다.

저 역시 오랜 시간 반강제적으로 '예쁘다'는 말을 스스로를 조여왔던 코르셋으로 여겨왔습니다. '예쁨'을 거부함으로써 '까칠함'이라는 날을 세운 언어의 감옥에 스스로를 가두어왔는지도 모릅니다. 그 자체로도 따뜻한 '예쁘다'라는 말 대신 택한 날카롭고 뾰족한 언어는 뫼비우스의 띠처럼 무한 반복되면서 나를 아프게 찔렀습니다. 어느새 차가운 겨울 왕국에 스스로를 가두고 철벽을 친 '엘사'가 되어 갔습니다.

당신을 빛내 줄 단어

『예쁘게 말을 하니 좋은 사람들이 왔다』에서 나는 '예쁘다'는 단어에 집착하려는 것이 아닙니다. '예쁘다'는 말의 기준은 사람마다 다르겠지요. 단지 당신이 오랫동안 갈고닦아 온 당신만이 귀한 가치가 있다면, 그것이 바로 '당신의 예쁨'이 된다는 말을 전하고 싶습니다.

이 말을 대체할 수 있는 단어가 있으면 어떤 것이라도 상관없습니다.

나는 이제 애써 고운 것을 외면하고 지난 20년을 투쟁적으로 살았던 나 자신에게 이 말을 다시 돌려 주려고 합니다. 이 말에서 오랫동안 떠나와 있던 내게 예쁘게 말을 걸며 새로운 인생을 만들어가려 합니다.

혹시 스스로 가둬놓았던 코르셋이 있다면 이제는 벗어던 져 보세요. 그리고 스스로 당신의 가치를 빛내 줄 단어를 찾아 명명해 보세요.

오랜 시간 두려움에 망설인 나에게 책을 쓸 용기를 내게 도와 준 쏭북스 송미진 대표와 이 책을 위해 함께 고민하고 토론한 한성수 에디터에게 고마운 마음을 전합니다. 제가 해온 모든 일들은 항상 곁에서 살아갈 이유와 힘을 주는 사람들이 있기에 가능했습니다. 사랑하는 가족들 그리고 동료들, 모두 고맙습니다.